天津社会科学院2014年度重点课题
天津社会科学院学术著作出版基金2019年度资助项目

近代天津城市文化特质的形成研究

——以功能城区的拓展为视角

王丽 著

天津社会科学院出版社

图书在版编目(CIP)数据

近代天津城市文化特质的形成研究 ：以功能城区的拓展为视角 / 王丽著. —— 天津 ：天津社会科学院出版社，2019.8
ISBN 978—7—5563—0566—7

Ⅰ. ①近… Ⅱ. ①王… Ⅲ. ①城市文化—文化史—研究—天津—近代 Ⅳ. ①K292.1

中国版本图书馆 CIP 数据核字(2019)第 170085 号

近代天津城市文化特质的形成研究 ：
以功能城区的拓展为视角
JINDAI TIANJIN CHENGSHI WENHUA TEZHI DE XINGCHENG YANJIU:
YI GONGNENG CHENGQU DE TUOZHAN WEI SHIJIAO

出版发行：天津社会科学院出版社
出 版 人：张博
地　　址：天津市南开区迎水道 7 号
邮　　编：300191
电话/传真：(022)23360165(总编室)
　　　　　(022)23075303(发行科)
网　　址：www.tass—tj.org.cn
印　　刷：北京建宏印刷有限公司

开　　本：880×1230　毫米　1/32
印　　张：8.25
字　　数：130 千字
版　　次：2019 年 8 月第 1 版　2019 年 8 月第 1 次印刷
定　　价：58.00 元

目　　录

绪 论

城区是城市社会空间、城市文化空间载体、城市区域或城市构成单元的现实表现形态，它是居民赖以生存、生产、生活的空间，是城市中活跃的各种社会主体展示其文化辐射能力和影响力的活动舞台，又是城市中各种矛盾重叠交叉、杂糅渗透的场域空间，因此城区不是静止的舞台，而是不同社会现象、社会活动所占据的空间的集合[①]。从城区的定义可以看出，不同类型的城区单元在具体的城市实体空间中存在着差异，城区实体空间要素的变化也会影响到其所承载的居民和社会群体的生存、生产与生活，反之城市空间内各种类型的居民、社会群体的生存、生产、生活也会影响并逐步改变城区空间固有的内在传统社会结构、社会关系文化网络组织形态、生活方式等公共意蕴，甚至在更新交替的过程中营造出新的城区文化空间。

① 参见苏智良《城区史研究的路径与方法：以上海城区研究为例》，《史学理论研究》2006年第4期，第115页。

一、问题的提出

正确界定和深刻理解文化的内涵，是我们加强文化建设的前提条件，它将使文化建设更具有针对性、目的性和实际操作性。具体来看，文化包括物质文化、精神文化及混合形态的文化。《现代汉语词典》指出，“文化是人类在社会历史发展过程中所创造的物质财富和精神财富的总和，特指精神财富，如文学、艺术、教育、科学等”[①]。可见，文化可以宽泛地理解成是与人的活动相关的一切活动。本研究中的文化是从人活动的角度探讨不同群体的社会生活状况，即不同群体在社会活动中创造和享受的一切物质财富和精神财富。

任何一种文化的产生，都离不开特定的自然条件和社会历史条件。中国文化的特质正是由其特定自然、社会历史条件所决定的。从地理环境看，中国处于一个半封建的、呈高度稳定状态的大陆地域，与西方地中海沿岸的民族有很大的不同；从物质生产方式看，我国文化根植于农业社会的基础之上，封建的小农经济在中国有几千年的历史，这与中亚、西亚的游牧民族，工商业比较发达的海洋民族相比也有很大的不同……[②]同样近代天津城市文化特质的形成也离不开天津特定的自然环境和社会历史条件。

在传统的中国城市体系中，天津属于出现较晚、层次较低的城市。明代的设卫筑城是天津城市发展的起点，在明朝，天津仅仅是一个军事卫所，城市规模和行政区划受到严格限制。对于近代天津来说，1860

---

① 中国社会科学院语言研究所词典编辑室编：《现代汉语词典》，商务印书馆出版社2002年版，第1318页。

② 张应杭、蔡海榕：《中国传统文化概论》，上海人民出版社2000年版，第15页。

年的开埠通商，开启了天津城市化发展的轨迹，天津从封闭、内向型向开放、外向型转变，从交通枢纽型城市转变为港口贸易城市，从传统意义上的商业城市转变为近代意义上的工商业城市，城市空间结构发生了根本性的变化。租界区的设立，开启了近代天津城区空间演变的历程，在20世纪初租界与老城区连成一片，并数倍于老城区。清末，又新建了河北新区。灾民难民等农村移民的到来，填充了老城区与租界之间的边界区、城市的低洼地带及已有城区的外缘区，使城市的边缘区不断向外扩展。近代天津逐渐形成了老城区、租界区、河北新区、城市边缘区等众多不同的城区空间，城区布局呈现出“拼贴式”或“拼盘式”的空间格局特点。

围绕近代天津的城市化和工业化进行城市城区空间扩展与城市居民构成变化研究，进行城市文化特质形成研究是天津城市史研究的重要内容。近代天津每个城区拥有各自不同的发展演变轨迹和居民构成特点，具有各自不同的形成原因，承载着不同的城市功能，在天津城市发展中扮演着不同的角色，形成了不同的城市文化区。因此，本书选择以1840至1937年间，近代天津城区空间扩展与居民构成、文化特质形成研究选题，拟重点探讨老城区、租界区、河北新区和城市边缘地区等多元城市空间的形成过程、形成原因、居民构成、在城市中的角色与功能耦合等问题，以此来厘清近代天津城市城区空间的演进发展机理，梳理总结近代天津城市空间的形成脉络，思考、探讨和提出近代天津城区扩展与居民构成变化是近代天津城市文化特质形成的主要动因。近代天津城市文化特质的形成过程与城区空间的扩张、城市居民构成的变化是同一过程。

二、天津城市文化及城区空间变迁研究综述

天津因其特殊的地理位置，在明清时期伴随漕运的兴起而逐渐发展起来。20世纪中期以来，随着我国城市化进程的快速推进，城市在国民经济社会生活中的地位日渐凸显，城市史研究日益兴起。天津是我国城市史研究的重镇，自20世纪50年代以来，研究天津历史的科研机构纷纷建立，并出版了一系列丛书、地方志史料和档案资料。地理、政治等多重因素共同造就了天津近代的辉煌，也塑造了迥异的天津文化。天津作为一座具有600余年历史的文化名城，虽然没有十分丰厚的历史文化沉积，但它海纳百川、兼容并蓄，逐渐形成了多元文化和谐共生的独特城市文化品格。从天津文化的形成过程来看，它开始于明清时期，成形繁盛于近代。特别是开埠通商以后，天津城市经济逐渐昌盛，多元文化开始汇集，多种文化互相碰撞融合，逐渐形成了独具特色的天津文化。天津文化虽然不像北京文化和上海文化那样特征明显，独成一派，但在我国诸多地方文化中，天津文化独具特色，吸引了诸多国内学者关注和研究。同时，天津城市史的研究日益多元化和专题化，研究的广度和深度均有所拓展并逐渐呈现出精彩纷呈的研究局面。

（一）天津城市文化界定的多元性研究

目前，学者们对天津文化应如何进行界定尚未达成一致，主要形成了三种不同观点。一种观点是从主流文化的角度对天津文化进行概括，认为天津文化的主脉是水文化；第二种观点是从城市居民特点的角度提出天津文化主体是市民文化；第三种观点是从地域特点的角度对天津文化进行简单界定，提出天津文化是“卫派文化”。

1. 天津文化的主脉是水文化

有学者认为，天津位于九河下梢、渤海之滨，特殊的地理位置影响并塑造了天津文化，天津文化的主脉是水文化。章用秀曾指出，海河、海洋孕育和发展了天津文化，构成了开放性、包容性、多元性的显著特征①。李喜所认为，天津是地地道道的“水文化”，“水”是理解天津文化的第一个关键词。反映水“意志”的天后宫在天津600年间香火鼎盛，说到底是水文化在持久地发挥作用。有了水，就为天津大都市的崛起奠定下了根基②。另外，一些学者对天津的水文化进行了具体研究，认为天津水文化主要表现为码头文化，它对天津经济社会产生了重要影响。谭汝为探讨了天津码头文化的来源及码头文化对天津人精神面貌的影响。他认为，清代以来，大量来津的灾民难民，将他们各自的地方文化带到了码头，带到了天津，这就是天津码头文化的来源③同时，“码头文化的流动性，赋予天津人更多的开放性和兼容性；码头文化的竞争性，赋予天津人更多的危机意识和较强的求生意志；码头文化的多元特征，则赋予天津人更多的自由精神和适应能力。④”冯骥才也指出，在近代天津城市的流变中，真正发生作用的还是本土的码头文化⑤。

2. 天津文化的主体是市民文化

部分学者认为天津文化的主体是市民文化或市井文化，这是天津文化的核心和独特之处。王勤田和梁禹祥指出，“天津文化是以市民文

① 章用秀：《天津文化及其思想精华》，《天津行政学院学报》2004年第6卷第4期，第66页。

② 李喜所：《关于天津文化主脉的思考》，《天津日报》2004年2月16日。

③ 谭汝为：《从地名解读天津地域文化》，《辽东学院学报》2005年第4期，第16页。

④ 谭汝为：《从地名解读天津地域文化》，《辽东学院学报》2005年第4期，第16页。

⑤ 冯骥才：《案头随笔》，中州古籍出版社2005年版，第242页。

化为基础、以近现代文化为主导的多种文化成分组成的城市文化……天津是由商埠发展而来的商业城市，历史上商品经济一直比较发达，因此天津市民文化得到了高度、充分的发展，根基深厚，源远流长，在很长时间里占据天津文化的主体地位。[①]"在此基础上，他们认为天津文化具有商品性和实用性；娱乐性和世俗性、多样性和开放性、趋时性和流变性等特点。尚克强指出，最具天津特色的应该是市民文化的兴盛[②]。

3. 天津文化是"卫派文化"

天津设卫建城已有600多年的历史，但仍有学者喜欢把天津文化称为"卫派文化"。罗澍伟曾对这种现象进行分析，他指出，"'卫'之所以能够在600年的时间里，和天津紧密相连，我想主要是因为天津自1404年(明永乐二年)设卫筑城之后，迅速发展成著名的水旱码头和繁华的商业城市。几百年来谁也忘不了开始给天津带来辉煌、并打下天津发展基础的'天津卫'时期。相形之下，此后的州也好，府也好，县也好，市也好，在人们心目中留下的烙印，似乎远没有'卫'那样深刻，所以许多最具天津特色的东西，自然就和'卫'联系在一起了。"[③]

由上述分析论述可以看出，我们很难用简单的一句话来概括天津文化的属性特质。大多数的专家和学者都认为，天津文化是由多种文化交融、碰撞而逐渐形成的，不能对其进行简单的概括和界定。王凤云、李育霞指出，"天津位于九河下梢、渤海之滨，特定的地理环境使之

① 王勤田、梁禹祥：《天津文化特点的初步研究》，《天津社联学刊》1987年第5期，第16—17页。

② 刘志强、张利民主编：《天津史研究论文选辑》，天津古籍出版社2009年版，第1124页。

③ 天津日报报业集团编：《城市细节与言行——天津600年》(六)，天津古籍出版社2004年版，第223—224页。

成为多元文化的交汇点。在外来与本土文化的碰撞、交融过程中,逐渐形成由码头文化、老城厢文化、漕运文化与外来文化(含租界文化)有机构成的历史文化底蕴,并塑造出淳朴、豪爽、开放、兼收并蓄的民风。[①]”艾伯亭等认为,“天津的文化囊括中外古今,广纳东西文明,西餐洋房与千年古刹共存,佛教天主与娘娘关公共存,跑马和武术摔跤共存,西服革履与长袍马褂共存,吴越之风、燕赵之韵、长江之文、黄河之采、西域之精、东疆之华,海纳百川,求同存异。[②]”有学者提出,“就天津文化而言,很难用一个词语来加以概括……天津城市的发展因素是多源的,从漕运码头到军事卫所,到商业都会和开埠城市,再到现代的改革开放的前沿城市。它的城市文化也是多元状态,其中有中国本土文化,也有西方洋人文化,还有互为影响的混合文化。[③]”正是由于天津文化的多样性和混合性,决定了用一个比较具体的词语概括天津文化比较困难,有学者提出用地名来概括,指出“天津的文化就用‘天津文化’或‘津派文化’来概括应该是最明智、最恰当的选择[④]。”

(二)关于天津文化构成和来源的探讨

目前,学术界对天津文化是由多元文化构成的这一观点已达成基本共识,并从多个不同的视角对天津文化的内部构成和来源进行了探

---

① 王凤云、李育霞:《提升天津城市文化品位的思考》,《天津经济》第2006年第7期,第40页。

② 艾伯亭等编著:《城市文化与城市特色研究以天津市为例》,中国建筑工业出版社2010年版,第21页。

③ 张利民主编:《解读天津六百年》,天津社会科学院出版社2003年版,第347、351页。

④ 周俊旗:《试论天津文化的优长与弱势》,《城市史研究》(第17、18辑),天津社会科学院出版社2000年版,第138页。

究。分析主要从传统与现代、社会阶层、城市功能结构等角度进行。艾伯亭等从传统文化与现代文化融合的角度提出，“天津文化有两个截然不同的‘文化入口’：一个是‘传统入口’——从三岔口下船，举足就迈入了北方平原那种彼此大同小异的老城文化里；另一个是‘近代入口’——由老龙头车站下车，一过桥，满眼外来建筑，突兀奇异，恍如异国，这便是天津最具特色最夺目的文化风光了。”并归纳、总结出天津文化的基因特征亦洋亦土，亦南亦北，亦庄亦谐[①]。

陈雍从社会阶层的角度对不同时期的天津文化进行了研究。提出“传统期和近代期的天津文化至少应当分成上层文化与下层文化，或上、中、下三个层次。传统期两种文化的代表：盐商文化与市民文化。近代期两种文化的代表：寓公文化与市民文化。”并指出“市民文化始终是天津文化的主体。不同时期的职业结构造成不同时期市民文化的特点。[②]”有学者认为天津文化具有多源性，并从天津城市功能结构的角度进行了多个层面的详细分析：(1)从天津城市的经济功能来看，天津文化形成的第一个来源是“运河文化”或“商人文化”；(2)从天津城市的行政功能来看，天津最早是军事卫所，这是天津文化的第二个源头，也可以称之为“老城文化”；(3)从天津的城市环境来看，天津是海河水系众水所归的城市，周边地区水灾频繁。因此大量难民“闯码头”涌入天津，将他们各自的地方文化带到天津。这是天津文化的第三个来源，可视之为“码头文化”；(4)从天津与北京的历史关系来看，天津与北京近在咫尺，北京每有政治风云，往往波及天津，突出的表现就是众多的宫

---

① 艾伯亭等编著：《城市文化与城市特色研究——以天津市为例》，中国建筑工业出版社 2010 年版，第 26—27 页。

② 刘志强、张利民主编：《天津史研究论文选辑》，天津古籍出版社 2009 年版，第 1175 页。

廷逸民、民国政客寓居津门，带来官场习俗、宫廷生活习惯和都市娱乐方式等，这是天津文化的第四个源头，可视之为“寓公文化”；(5)由于天津具有以上政治、经济、民俗等方面的优势，使之成为中国北方重要的对外开放港口，吸引大量外国人来到天津，他们建立租界，修建教堂，开办洋行，进行现代的城市管理，直接影响着天津文化的近代走向，这是天津文化的第五个源头，即所谓“租界文化”[①]。

(三)关于天津文化形成原因的研究

天津文化的形成是多种因素综合作用的结果，其形成是一个漫长、复杂、逐渐积累、变化的过程。在这其中，地理区位、自然环境、城市经济状况、城市居民来源、人口素质、外来文化等都是影响天津文化形成的重要因素。学者们主要从以下几个方面对天津文化的形成原因进行探讨：

1.地理生态环境的影响

特定的地理生态环境是天津文化形成的前提和基础。陈雍曾指出，“文化是人类对环境的适应，天津城市的生态环境决定了天津文化的形态结构[②]。”其中，濒临渤海、位于海河水系和比邻北京是影响天津文化形成发展的重要地理生态环境影响因素。

渤海和海河是天津文化发展的源泉。冯骥才指出，“在燕赵文化的板块中，天津的文化不是在固定不动的陆地上，而是在网状的流动着的海河流域中，同时又濒临大海。河与海是古代物流与文化传播最重要

① 参见张利民主编《解读天津六百年》，天津社会科学院出版社第2003年版，第352、353页。

② 刘志强、张利民主编：《天津史研究论文选辑》，天津古籍出版社第2009年版，第1174页。

的渠道。因此,天津的文化又是流动性的、开放的、兼收并蓄的[①]。"王兆祥也认为,"影响天津民俗文化形成的因素是多方面的,首先离不开自然生态环境,而河、海交汇是天津城市发展的最大自然优势。应该说渤海和海河是天津民俗文化发展的源泉,它的变迁是民俗文化发展的基础[②]。"

北京对天津文化的发展具有重要影响。范丽珠认为,"天津文化的兴旺又决定于其重要的地理位置。她是北京的门户,接近封建统治中心,这一方面有助于提高天津地位,各地名流有机会都要小住津门,从事文化活动,无疑是津门文坛的幸事,另一方面京师吸引了大多数天津或在天津的有作为的文化人[③]。"尚克强也认为,"天津的社会文化呈现着多元的特征。这不仅表现为传统文化的发扬和嬗变,还表现为京派文化、海派文化的影响。尤其是京派文化,其影响更是多方面的[④]。"

2. 近代天津城市经济发展的影响

从发展的角度讲,城市文化依附于城市经济的发展,城市经济的发展和兴盛是文化繁荣的前提和根基。正是由于近代天津工商业经济的发展,才促进了天津文化的形成。天津文化的兴盛是伴随着天津商业的繁荣而兴起的。罗澍伟指出,"文化作为城市生活的组成部分,必然随着城市的成长而演变、发展。20 世纪二三十年代天津城市近代化过

---

① 冯骥才:《天津城市文化建设整体格局中的滨海新区》,《天津师范大学学报(社会科学版)》2007 年第 5 期,第 2 页。

② 天津市地方志编修委员会办公室编:《民俗文化谭》,天津社会科学院出版社 2005 年版,第 3 页。

③ 刘志强、张利民主编:《天津史研究论文选辑》,天津古籍出版社 2009 年版,第 693 页。

④ 刘志强、张利民主编:《天津史研究论文选辑》,天津古籍出版社 2009 年版,第 1127 页。

程发展迅速，城市文化也随之达到繁荣时期[①]。”盐业和漕运的发达对天津文化的形成产生了重要影响。章用秀认为，“天津的地域文化是在沿海城市经济的开拓和发展过程中形成的。并且紧紧依附于封建经济、特别是盐业和漕运的基础之上[②]。”

3. 天津城市文化的多元碰撞与交融

天津文化的形成与发展不仅受到地理生态环境、城市经济发展等外在因素的影响，同时还是原有本土文化、外来文化及其他区域文化相互碰撞、交融的结果。冯骥才在探讨天津文化的形成背景时指出，天津“是中国北方的城市，置身在北方的自然环境和人文环境之中；尤其是它地处重要的文化板块——燕赵文化之地。……在同样面对强行撞入的外来文化时，天津与上海两个城市的态度是不同的。天津不是全盘吸收，其缘故是燕赵文化的基因在起作用[③]。”再就是，外来租界文化的影响。大多数学者都认为，租界文化在天津文化的发展中，特别是向近代文化的演进中产生了重要影响。侯鑫提出，“外国殖民者对天津的入侵与开发，使天津的城市文化呈现出东西文化交融的殖民文化色彩，这在天津的城市建设以及天津的文化风俗中得到了具体体现，并随着岁月的积淀，发展成为天津城市文化的特质[④]。”宋美云、宋鹏也指出，“因

---

① 罗澍伟主编：《近代天津城市史》，中国社会科学出版社1993年版，第608页。

② 章用秀：《李叔同与近代天津文化的渊源关系》，《天津社会科学》1995年第4期，第102页。

③ 冯骥才：《天津城市文化建设整体格局中的滨海新区》，《天津师范大学学报（社会科学版）》2007年第5期，第1、2页。

④ 侯鑫：《基于文化生态学的城市空间理论——天津、青岛、大连研究为例》，东南大学出版社2006年版，第138页。

租界的设立使得西方文化在近代天津留下了深深的烙印[①]。”章用秀认为，“天津的地域文化深受西方文化的濡染，具有不断向现代文明演进的趋势[②]。”任吉东也指出，“正是在租界文化的影响下，天津文化与西方文化相融合，进一步发展出了进步开放、兼容并蓄的文化精神[③]。”

此外，其他地域文化的影响也在天津城市文化中有所显现。蔡捷和刘蕴就认为，“天津地处九河下梢，自鸦片战争以来，逐步成为我国北方最大的交通口岸和工商大埠。天津的行业和人口构成，使天津形成了一个典型的市民社会。这里面既有着涌入人口原有的文化背景，也有着城市经济发展所带来的新鲜内容。天津的文化及其特色，就是在这种基础之上逐渐发育成长和形成起来的[④]。”

（四）天津文化与其他地域文化的比较研究

除了对天津文化进行单独、专门研究外，学者们还对天津文化与其他地域文化做了一些比较研究，以凸显天津文化的特色和与众不同。这些比较研究主要有天津与青岛、大连的城市文化比较研究；天津与北京的城市文化比较研究；天津与上海近代城市文化比较研究等。

1. 天津与青岛、大连的城市文化比较研究

侯鑫在《基于文化生态学的城市空间理论——以天津、青岛、大连

---

① 宋美云、宋鹏：《话说津商（图文商谚本）》，中华工商联合出版社2006年版，第8页。

② 章用秀：《李叔同与近代天津文化的渊源关系》，《天津社会科学》1995年第4期，第103页。

③ 任吉东：《近代天津城市文化中的租界元素研究》，《南京社会科学》2013年第6期，第140页。

④ 蔡捷、刘蕴之：《关于21世纪天津文化走向问题的思考》，《天津商学院学报》1008年第1期，第51页。

研究为例》一书中，详细研究了天津文化的生态系统，在此基础上对天津、青岛、大连三座城市空间文化演进做了比较研究。他认为“城市的文化生态环境对城市空间发展的巨大作用是十分明显的，三座城市的发展经历了十分相似的过程，从它们的规划发展过程中我们可以清晰地看到这一点①。”此外，“天津本土原生态文化较强盛，这就决定了其文化构成中本土民俗文化的比重较大，同时由于本土与外来文化的强烈竞争，使得天津文化包容中西、独成一体……而青岛与大连是本土文化极为薄弱的区域……基本不存在本土与外来文化之间、异质外来文化之间的竞争，外来文化的侵入环境较为宽松，这就为城市整体规划的实施提供了条件。”②

2. 天津与北京城市文化的比较研究

王兆祥对北京、天津的城市文化进行了比较，认为两个城市各有自己的特点。“就其文化的主流特质来说，北京城市文化突出一个‘正’字，贯穿着‘正统’‘皇权’‘等级’的传统气息。……天津城市文化突出一个‘杂’字，其特质则是兼收并蓄的商人文化，或者说是市井文化、市民文化。它形成于工商业的发展过程中，贯穿着商业气息，注重利益、竞争和服务，追求娱乐、刺激和享受，也就是自由发展、随意发挥的近代商人意识。”同时还指出“京津城市文化不仅具有差异性也有共同点。”③

① 侯鑫：《基于文化生态学的城市空间理论——以天津、青岛、大连研究为例》，东南大学出版社 2006 年版，第 138 页。

② 侯鑫：《基于文化生态学的城市空间理论——以天津、青岛、大连研究为例》，东南大学出版社 2006 年版，第 191 页。

③ 刘志强、张利民主编：《天津史研究论文选辑》，天津古籍出版社 2009 年版，第 1197 页。

3. 天津与上海的近代城市文化比较研究

郭武群探讨了在传统文化向近代文化转型的过程中,上海和天津两所临海港口城市所表现出的不同文化特性:(1)对待西方文化的态度不同。“上海在被迫接受西方文化以及与之冲撞融汇的过程中,与广大内地和广州等其他开放口岸相比,表现出一种特殊的更从容平和的态度。”“天津对西方器物文化——电灯、自来水等物化了的西方科学技术,一般是缓慢接受的,而对西方的精神文化——宗教、伦理道德、价值观念、主体上是排拒的[①]。”(2)近代两座城市文化转型的时间和结果不同。上海城市文化从传统向近代“转型”造就了“海派”的崛起和长盛不衰。“当近代上海城市文化完成‘转型’,成为新的文化中心时,天津城市文化仍处于‘转型’期的无序、多元组合状态,新的主流文化并未形成。”卫派文化的“最初形成和发展,更注重地域特色的挖掘与开拓,不具备海派独擎旗帜、容纳百川、不拘一格、开风气之先的大家风范[②]。”此外,罗澍伟也在文章中指出,“近代上海不但在经济发达水平上使天津望尘莫及,而且在文化发达水平上也足与北京相匹敌[③]。”

综上所述,通过对天津文化研究的梳理,我们可以看出学术界对天津文化的综合性研究已经展开,不仅从多个不同的层面和角度对天津文化进行了研究,还取得了斐然的成绩。这些研究对深化天津文化的认识,丰富天津文化的研究内容,推进天津文化强市建设具有重要意义。然而,由于天津文化研究在地域性等方面的限制,现在研究仍存在

① 刘志强、张利民主编:《天津史研究论文选辑》,天津古籍出版社2009年版,第1229、1231页。

② 刘志强、张利民主编:《天津史研究论文选辑》,天津古籍出版社2009年版,第1231页。

③ 刘志强、张利民主编:《天津史研究论文选辑》,天津古籍出版社2009年版,第605页。

一些不足，需要进一步深化和完善。一是有些研究观点需要进一步提炼和统一。近年来，学者们围绕“什么是天津文化”“天津文化有哪些特点”“天津文化是怎样形成的”等问题开展了大量研究，形成了许多有价值的理论观点，并对天津文化的多元构成、形成原因等问题达成了共识。但另一方面，在对天津文化的界定和称谓上、外来租界文化对天津文化的影响程度等问题上，仍存在分歧。二是研究内容有待进一步拓展。目前，对天津文化的来源、文化特征和文化生态等问题得到了较为深入研究，但是对天津文化具体的文化构成因素缺乏细致深入研究，如对天津城市居民的宗教信仰、民间艺术及独具特色的寓公文化等内容尚未展开深层次的研究，也未出版有影响力的学术专著。另外，从城市史的角度来看，天津文化的特质是天津城市的历史与环境赋予的，它不仅受到天津城市经济、所处地理环境的影响，天津城市功能的演变、城市地位的变化、城市人口的变迁等因素也不可避免地影响天津文化特质的形成。因此，对天津文化的研究还有许多方面需要我们进一步拓展和深化。

（五）从近代天津城市功能空间扩展到文化变迁

城区史作为城市史研究的分支起步更晚一些，更侧重对城市内部差异性空间的研究，其具有代表性的作品是苏智良主编的《上海城区史》，该书对城区史的内涵、研究对象、研究意义和研究方法等内容做了较为详细地论述，为后人的研究奠定了基础。天津城区史的研究已经展开，为学者们从天津城区空间扩展的视角探讨城市文化特质形成研究提供了契机。

1. 国内关于天津城市功能空间拓展及文化特质变迁的相关研究

自20世纪80年代以来，涌现出一批具有代表性的天津城市史综合研究，其中有部分内容涉及天津城市空间的研究。天津社会科学院历史研究所编著的《天津简史》①是一部较早的全面、系统研究天津历史的通史性著作。这部著作涵盖的历史跨度较大，从天津平原的形成一直讲到天津解放。内容涵盖相当广泛，其中第五章部分内容论述了西方资本主义势力在天津的扩张，第十二章部分内容简要论述了天津城市的扩展。李林山等编著的《天津概观》②对天津的自然条件、历史沿革、现代经济等内容进行论述。郭蕴静主编的《天津古代城市发展史》③主要探讨了天津城市的形成与演变，尤其是天津早期平原的形成，清代天津城市形成和演变等内容做了详细论述。罗澍伟的《近代天津城市史》④通过历史分期的方法，对近代以前天津城市演进过程（远古—1840）、近代港口贸易与工商业城市地位的奠定（1842—1900）、近代多功能中心城市的初步形成（1900—1927）、区域性多功能中心城市地位的确立（1927—1937）等不同时段的天津城市发展进行了较为全面、详细地论述，其中涉及天津市新区的开发，租界区变化、街区调整等内容。张利民主编的《解读天津600年》⑤对天津自设卫建城600年来，天津城市的空间环境与城市功能的变迁进行了解读，其中设置了专门的章节对天津城市空间的演变和开埠后人口的剧增做了论述。马玫

---

① 天津社会科学院历史研究所编著：《天津简史》，天津人民出版社1987年版。
② 李林山、杜贵祥、徐华鑫编著：《天津概观》，海洋出版社1987年版。
③ 郭蕴静主编：《天津古代城市发展史》，天津古籍出版社1989年版。
④ 罗澍伟主编：《近代天津城市史》，中国社会科学出版社1993年版。
⑤ 张利民主编：《解读天津600年》，天津社会科学院出版社2007年版。

的著作《天津城市发展研究——产业·地域·人口》[①]分析了天津设卫以来产业、地域和人口的发展演变过程与空间布局特点，对天津城市的“郊区化”和区域格局进行了专门论述，提出半殖民地时期天津是单中心三区分异的特殊形态。袁行霈，陈进玉主编的《中国地域文化通览》（天津卷）从地域特点的视角对天津文化进行了解读，对“上边儿”与“下边儿”特殊的城市空间做了研究[②]。

另外，在天津城市史研究中，还出现了一些与天津城市空间变迁密切相关的研究著作，它们从不同的学科范畴对天津城市空间做了相关研究。天津市城市规划志编纂委员会编制的《天津市城市规划志》[③]从城市规划的角度对天津城市规划工作的历史和现状进行了论述，内容包涵不同时期天津城市空间的规划、分区规划和规划管理等，并附有多幅反映天津城市空间演变的地图。乔虹编著的《天津城市建设志略》[④]一书跨越了天津从冲积平原的形成到现代都市的600多年的历史，从建设史的角度对天津的城市建设演进过程进行了介绍。刘海岩的著作《空间与社会：近代天津城市的演变》[⑤]从空间与社会的角度对天津城市的经济社会发展布局、产业结构、居民人口结构构成及居住空间、各阶层居民的社会关系网络及流动等内容进行了考察。

期刊论文方面，侯仁之先生的《天津聚落之起源》[⑥]是最早从历史

① 马玫：《天津城市发展研究——产业·地域·人口》，天津人民出版社1997年版。

② 袁行霈、陈进玉主编：《中国地域文化通览（天津卷）》，中华书局2014年版。

③ 天津市城市规划志编纂委员会编著：《天津市城市规划志》，天津科学技术出版社1994年版。

④ 乔虹编著：《天津城市建设志略》，中国科学技术出版社1994年版。

⑤ 刘海岩：《空间与社会：近代天津城市的演变》，天津社会科学院出版社2003年版。

⑥ 侯仁之：《我从燕京大学来》，生活·新知·读书三联书店2009年版。

地理角度对天津聚落的形成进行专题研究的文章，其从运河、陆路、海运交通等地理因素角度对天津聚落的起源做了探讨。史习芳在《解放以前天津行政区划沿革》中[①]对中华人民共和国成立前天津的行政区划演变进行了论述，其中涉及近代各国租界在天津的建立、扩展和收回等情况。刘海岩的《租界、社会变革与近代天津城市空间的演变》[②]通过考察清末民初天津政局的动荡，分析了城市人口向租界流动的原因及其对天津城市空间的影响，并指出天津开埠通商后，租界的形成与社会的变革、城市空间的演变相互影响。陈振江的《天津城市空间和人与社会文明演变》[③]一文中指出，从明清到清末民初，天津形成了三种不同性质的城市空间，即中世纪城市空间、外国租界空间和天津城厢内外城市空间。天津多样形态的近代城市空间，营造出了多样、丰满、超前的社会文明。张秀芹、洪再生的《近代天津城市空间形态的演变》[④]对开埠至 1949 年这一时间段的天津城市空间形态进行了分析，认为近代天津城市空间形态的演变是一个沿海河向东西方向、以片状开发、整体呈带状生长的过程。靳润成、刘露的《明代以来天津城市空间结构演化的主要特点》[⑤]对明代以来天津城市空间结构的特征进行了讨论分析，认为是天津以海河水系为轴线，由西向东逐步展开。改革开放以后，随

① 史习芳：《解放以前天津行政区划沿革》，《天津社会科学》1982 年第 2 期。

② 刘海岩：《租界、社会变革与近代天津城市空间的演变》，《天津师范大学学报（社会科学版）》2006 年第 2 期。

③ 陈振江：《天津城市空间和人与社会文明演变》，《城市空间与人口国际学术研讨会论文集》2006 年，第 10—17 页。

④ 张秀芹、洪再生：《近代天津城市空间形态的演变》，《城市规划学刊》2009 年第 11 期。

⑤ 靳润成、刘露：《明代以来天津城市空间结构演化的主要特点》，《天津师范大学学报（社会科学版）》2010 年第 1 期。

着天津港的快速发展，城市发展不再仅仅局限于中心城区，开始以海河为轴线向滨海地区拓展，确立了双轴心的城市发展格局。王健的《繁荣、失落与回归——从海河的变迁剖析天津城市空间形态的变迁》[①]重点分析了海河作为天津的母亲河对天津城市发展的影响和作用。熊亚平、安宝从城乡经济关系的视角，对天津城市与周边集市(镇)间商品交流、工农业分工及人口迁移等内容进行了考察，揭示了天津城市兴起对区域市场整合和区域经济发展的影响[②]。李里的《天堑与通途：清末民初铁路与天津城市空间探析》[③]探讨了清末民初铁路建设对天津城市空间的影响，指出铁路对城市空间的影响是非常复杂的，不能简单地用一句话加以概括论述。

学位论文方面，刘露的博士论文《天津城市空间结构与交通发展的相关性研究》[④]分析探讨了天津在传统城市、近代城市和现代城市等城市发展的不同历史阶段城市空间与城市交通发展之间的关系和相互影响。王培利的博士论文《近代天津城市行政区演变研究》[⑤]一文从历史演进的角度，对天津近代不同阶段城市行政区的形成、管理机制、影响等内容进行了论述。王志勇的硕士论文《近代保定天津城市发展比较

① 王健：《繁荣、失落与回归——从海河的变迁剖析天津城市空间形态的变迁》，《城市规划》2009年第9期。

② 熊亚平、安宝：《近代天津城市兴起与区域经济发展：以天津城市与周边集市(镇)经济关系为例(1860——1937)》，《天津社会科学》2011年第2期。

③ 李里：《天堑与通途：清末民初铁路与天津城市空间探析》，《中国历史地理论丛》2015年第4期。

④ 刘露：《天津城市空间结构与交通发展的相关性研究》，华东师范大学2008年博士论文。

⑤ 王培利：《近代天津城市行政区演变研究》，天津师范大学2006年博士论文。

研究(1840—1927)》[①]从空间演变的角度对保定和天津在古代、近代初期、清末民初三个时段的城市发展进行了比较研究。

2. 国外关于天津城市功能空间拓展及文化特质变迁的相关研究

八国联军侵占天津时期由日本中国驻屯军司令部编写、由侯振彤翻译的《二十世纪初的天津概况》[②]一书较为全面地介绍了清朝末年天津城市概况，详细描述了这一时期天津的地理位置与环境、建制与沿革、人口、市政交通以及居民社会生活等状况。《八国联军在天津》[③]则详细记述了新闻记者、传教士等不同人群在义和团运动期间八国联军侵略天津时的所见所闻，有非常重要的史料价值。

在现代，日本天津地域史研究会编写的《天津史》[④]被称为是近年来国外学者研究天津的代表性著作，它对近代天津的城市化做了全面的综合性论述，涉及租界、城市建设等方面。美国学者施坚雅《中华帝国晚期的城市》[⑤]，以论文集的形式展示了国外学者研究中国史的不同视角，其中部分内容涉及对近代天津城市功能空间拓展及文化特质的论述。

(六)天津城区功能空间具体区域变迁及区域异质文化空间

目前，对天津城区史的相关研究主要集中在对天津租界史的研究，

---

① 王志勇：《近代保定天津城市发展比较研究(1840—1927)》，华中师范大学 2005 年硕士论文。

② [日]中国驻屯军司令部编，侯振彤译：《二十世纪初的天津概况》，天津市地方史志编修委员会总编辑室 1986 年版。

③ 天津社会科学院历史研究所编，许逸凡等译：《八国联军在天津》，齐鲁书社 1980 年版。

④ [日]日本天津地域史研究会：《天津史》，日本东方书店 1999 年版。

⑤ [美]施坚雅主编：《中华帝国晚期的城市》，中华书局 2000 年版。

关于天津租界的历史史料和已出版的学术专著较为丰富，但对于河北新区、老城区和边缘区的学术论文和专著则比较少。

1. 关于天津租界的相关研究

专门针对天津租界的研究成果较为丰富，史料主要有：1926 年南开大学政治学会编写的《天津租界及特区》[①]；1980 年以后相继刊出的《天津租界》[②]《列强在中国的租界》[③]《天津租界谈往》[④]；综合性的史料档案有《天津租界档案选编》[⑤]《天津通志・附志・租界》[⑥]等。

学术专著有：1996 年出版的尚克强、刘海岩主编的《天津租界社会研究》[⑦]是一部较早的详细介绍天津租界社会的研究著作，它对天津租界的建立、扩张，租界内侨民的社会生活以及租界文化等内容进行了详细论述。来新夏主编的“天津建卫 600 周年”系列丛书之一《天津的九国租界》[⑧]按历史演进的顺序对天津租界做了较为详细的研究。尚克强的《九国租界与近代天津》[⑨]则将前人对天津租界的研究向前推进了一步，从租界与天津相互关系的视角进行了详细的探讨。

---

① 南开大学政治学会：《天津租界及特区》，商务印书馆 1926 年版。

② 天津市政协文史资料研究委员会编：《天津租界》，天津人民出版社 1986 年版。

③ 《列强在中国的租界》编辑委员会编：《列强在中国的租界》，中国文史出版社 1992 年版。

④ 中国人民政治协商会议天津市委员会文史资料研究委员会编：《天津租界谈往》，天津人民出版社 1997 年版。

⑤ 天津档案馆、南开大学分校档案系编：《天津租界档案选编》，天津人民出版社 1992 年版。

⑥ 天津市地方志编修委员会编著：《天津通志・附志・租界》，天津社会科学院出版社 1996 年版。

⑦ 尚克强、刘海岩主编：《天津租界社会研究》，天津人民出版社 1996 年。

⑧ 杨大辛：《天津的九国租界》，天津古籍出版社 2004 年版。

⑨ 尚克强：《九国租界与近代天津》，天津教育出版社 2008 年版。

国外著作有英国人雷穆森的《天津租界史（插图本）》[①]；英国人布莱恩·鲍尔的《租界生活：一个英国人在天津的童年（1918—1936）》[②]；加拿大人德斯蒙德·鲍尔的《小洋鬼子：一个英国家族在华生活史》。[③]

相关度较高的期刊论文有荆其敏的《租界城市：天津的过去、现在及未来》[④]；赵津的《租界与天津城市近代化》[⑤]；杨生祥的《天津租界简论》[⑥]；高福美的《租界与天津城市现代化进程关系探析》[⑦]；韩冬的《租界与近代天津基础设施建设的特点与社会影响（1860—1937）》[⑧]；陈国栋等的《英租界殖民路径与九国租界竞争性拼贴：天津英租界（1860—1943）规划为重点》[⑨]；耿科研的博士论文《空间、制度与社会：近代天津英租界研究（1860—1945）》[⑩]；乔鑫的硕士论文《天津旧租界区路网形态特征与形成机制研究》[⑪]；孙永青的硕士论文《天津原意租界地区城

① ［英］雷穆森：《天津租界史（插图本）》，天津人民出版社2009年版。

② ［英］布莱恩·鲍尔：《租界生活：一个英国人在天津的童年（1918—1936）》，天津人民出版社2007年版。

③ ［加］德斯蒙德·鲍尔：《小洋鬼子：一个英国家族在华生活史》，天津人民出版社2010年版。

④ 荆其敏：《租界城市：天津的过去、现在及未来》，《新建筑》1999年第3期，第5—7页。

⑤ 赵津：《租界与天津城市近代化》，《天津社会科学》1987年第5期，第54—59页。

⑥ 杨生祥：《天津租界简论》，《天津党校学刊》1994第1期，第39—44页。

⑦ 高福美：《租界与天津城市现代化进程关系探析》，《城市》2008年第12期，第72—75页。

⑧ 韩冬：《租界与近代天津基础设施建设的特点与社会影响（1860—1937）》，《历史教学（下半月刊）》第2015第1期，第67—72页。

⑨ 陈国栋、青木信夫、徐苏斌、达纳·阿诺德：《英租界殖民路径与九国租界竞争性拼贴——以天津英租界（1860—1943）规划为重点》，《城市规划学刊》2017第2期，第104—112页。

⑩ 耿科研：《空间、制度与社会：近代天津英租界研究（1860—1945）》，南开大学2014年博士论文。

⑪ 乔鑫：《天津旧租界区路网形态特征与形成机制研究》，天津大学2016年硕士论文。

市空间形态分析与发展研究》[①]；刘健的硕士论文《近代天津租界地理研究》[②]；徐萌的硕士论文《天津英租界区形态演变与空间解析》[③]等。

2. 关于河北新区的相关研究

目前关于河北新区研究的著作主要有《河北区志》[④]，本书以1404—1995年为记述时间界限，全面真实地反映了天津市河北区境内自然和社会的历程状况，其中涉及近代河北新区的建设状况。美国人斯蒂芬·R. 麦金农《中华帝国晚期的权力与政治：袁世凯在北京与天津1901—1908》[⑤]一书从新的角度，对晚清官员袁世凯进行了分析，主要论述了袁世凯从1901年到1908年作为一位高级政府官员的活动。

期刊论文有：张秀芹等的《1903年天津河北新区规划研究》[⑥]对1903年河北新区规划的背景、内容及对城市空间形态的影响等内容进行了研究。傅东雁的硕士论文《中国城市近代化的缩影：20世纪初的天津河北新区》[⑦]一文主要分析了20世纪初天津河北新区近代化发展的原因，在此基础上对这一时期河北新区内近代化的各个领域，如市政、工业等演变进行了研究。

---

① 孙永青：《天津原意租界地区城市空间形态分析与发展研究》，天津大学2006年硕士论文。

② 刘健：《天津租界地理研究》，天津师范大学2014年硕士论文。

③ 王宁：《天津原法租界区形态演变与空间解析》，天津大学2010硕士论文。

④ 天津市河北区地方志编修委员会编著：《河北区志》，天津社会科学院出版社2003年版。

⑤ [美]斯蒂芬·R. 麦金农：《中华帝国晚期的权力与政治：袁世凯在北京与天津1901—1908》，天津人民出版社2013年版。

⑥ 张秀芹：《1903年天津河北新区规划研究》，《多元与包容：2012中国城市规划年会论文集》，云南科技出版社2012年版。

⑦ 傅东雁：《中国城市近代化的缩影：20世纪初的天津河北新区》，天津大学2009年硕士论文。

3. 关于老城区与边缘区的相关研究

目前关于天津老城区与边缘区的相关研究比较少。主要有滕绍华、荆其敏的《天津建筑风格》[①]对不同历史时期的传统建筑、公共建筑进行了研究，其中包括了对天津老城厢地区历史概况、总体格局与建筑风格的研究。刘海岩的《近代天津城市边缘区的形成及其结构特征》[②]，则介绍了近代天津城市贫民聚居的边缘区的形成原因、空间特点和居民的职业生活状况。

（七）天津人口居民构成对城市功能空间文化异质性影响的研究

当前，关于天津城市人口的综合性研究和分层性研究已经展开，既形成了关于天津人口的全面性、综合研究，也有对天津不同社会阶层的相关专题研究。其中，社会阶层专题研究主要关注了贫民、商人和工人阶层。

1. 关于天津人口的综合性研究

李竞能主编的《天津人口史》[③]从人口学的角度对历史上天津的人口资料展开全方位、多层面的研究，包括人口的出生率、死亡率、婚姻状况、生育率、迁移流动和分布，以及年龄、性别、文化、职业等各种人口学文献资料；并描述了天津人口聚集发展所在的社会、经济和地理环境。高艳林的《天津人口研究（1404—1949）》以 1860 年天津开埠为界分为上下两编，上编按照历史发展的顺序对开埠前天津人口的来源及其性

---

① 滕绍华、荆其敏：《天津建筑风格》，中国建筑工业出版社 2002 年版。

② 刘海岩：《近代天津城市边缘区的形成及其结构特征》，《天津师范大学学报（社会科学版）》，2007 年第 4 期，第 37—41 页。

③ 李竞能：《天津人口史》，南开大学出版社 1990 年版。

质的变化进行了详细论述[①]。周俊旗的《民国天津社会生活史》从社会史的视角对民国时期天津城区空间的扩大与行政建制的升格、天津的城区人口、经济发展对天津城市社会的影响、天津社会的衣食住行、早期的商业中心、民国商业中心的挪移以及天津人的性格特征等内容进行了描述和研究[②]。董智勇从历史视角，运用理论与实证相结合的方法，分析了天津近代人口迁入与工业发展之间的问题[③]。

2. 关于天津居民构成演进的研究

(1)国内关于天津社会阶层的研究

著作方面有郭蕴静主编的《天津古代城市发展史》，该书以明清时期的天津为研究对象，上编内容探讨了从天津平原的形成直到明清时期天津城市的形成和演变过程；下编则探讨了明清时期经济发展对天津城市发展的作用和影响，并拿出专门的章节来对这一时期天津盐业和盐商的发展状况进行了论述[④]。来夏新主编的《天津近代史》[⑤]主要讲述了从1840年到1919年间天津的历史，其中第六章论述了天津近代工业的兴起与工人阶级的诞生。《窝棚中的生命：近代天津城市贫民阶层研究(1860—1937)》[⑥]从城市化视角，剖析了近代天津城市贫民的日常生活状态、致贫原因、社会各界对城市贫民的关注及政府的救济活

① 高艳林：《天津人口研究(1404—1949)》，天津人民出版社2002年版。

② 周俊旗：《民国天津社会生活史》，天津社会科学院出版社2002年版。

③ 董智勇：《经济发展与人口迁移的互动：以天津近代工业化为例》，《社会科学论坛》2010年第7期，第179—181页。

④ 郭蕴静主编：《天津古代城市发展史》，天津古籍出版社1989年版。

⑤ 来夏新主编：《天津近代史》，南开大学出版社1987年版。

⑥ 付鸿燕：《窝棚中的生命：近代天津城市贫民阶层研究(1860—1937)》，山西人民出版社2013年版。

动等内容，并深刻辨析了城市病与贫民问题的相关性。王静的《近代旅津山东商人研究》[①]对山东商人进入天津的背景、影响因素、经营活动、在天津这个“异质空间”里面临的矛盾与冲突、对地方公共事务的参与等内容进行了考察。

期刊论文有宋美云的《略述近代天津商人的特性》[②]，对天津商人兼备的中西文化禀赋特性进行了分析，认为天津商人具有海纳百川、兼容中西、创新求变、克勤克俭和脚踏实地等特质。任云兰的《近代城市贫民阶层及其救济探析——以天津为例》[③]，分析了近代城市贫民阶层的内涵、构成、生存方式以及国家与社会对贫民阶层的救济活动。付燕鸿的《近代天津城市贫民阶层的形成及其时代性》[④]，文章以天津为例，分析了20世纪20年代末，天津贫民阶层的生活状况和形成原因，指出贫民阶层的形成与城乡背离化发展、社会财富分配不均、保障制度残缺等因素有关。作者的另一篇文章《近代城市化与城市贫民阶层的社会流动：以20世纪二三十年代的天津为中心的考察》[⑤]，通过对天津城市化进程中城市贫民阶层社会流动状况的相关文献数据资料进行分析梳理，提出近代天津城市社会结构变动是近代城市贫民流动的前提，工业化、城市化是近代城市贫民流动的主要推力。这种贫民阶层社会流动

---

① 王静：《近代旅津山东商人研究》，天津社会科学院出版社2012年版。

② 宋美云：《略述近代天津商人的特性》，《北京财贸职业学院学报》2013年第2期，第20—23页。

③ 任云兰：《近代城市贫民阶层及其救济探析：以天津为例》，《史林》2006年第2期，第77—127页。

④ 付燕鸿：《近代天津城市贫民阶层的形成及其时代性原因》，《史学月刊》2013年第3期，第77—96页。

⑤ 付燕鸿：《近代城市化与城市贫民阶层的社会流动：以20世纪二三十年代的天津为中心的考察》，《山东社会科学》2015年第4期，第49—58页。

的表现形态是多层面多维度的，既有不同地域间、不同城市空间、不同行业间的人口流动，也有不同收入及生活水平间、不同门第间的贫民与精英的跨层流动，而且这种流动伴随着城市化、工业化和近代化的推进，人口纵横层面的流动机会越来越多，流动的可能性越来越大。成淑君的《近代天津下层妇女就业的主体、空间分布与其他》[①]，认为近代天津下层妇女具有就业人数众多、就业领域广泛的特点，并对下层妇女的人员构成、空间分布特征、就业领域、就业方式等方面做了分析。田涛的《论近代天津归国留学人群》[②]一文指出，天津是近代留学归国人群的主要分布地之一，民国时期，大学教员、公司和银行经营者以及律师、医师、报人等自由职业，成为天津归国留学人群的主要职业身份。

学位论文有万鲁建的博士论文《近代天津日本侨民研究》[③]，主要论述了日本侨民在天津所构建的日本人的社会生活空间、人口变迁与职业结构、经济和社会活动等内容。王丽丽的硕士论文《民国时期天津工厂女工研究》[④]，通过对民国天津工厂女工的来源与构成、女工的工作、女工的工资与福利待遇等内容的考察，指出工厂女工的工作情况并不乐观，存在诸多困境，但女工走出家门、进入职场，具有重要意义。

(2)国外关于天津居民文化构成的研究

关文斌的《文明初曙：近代天津盐商与社会》[⑤]一书，对天津长芦盐

---

① 成淑君：《近代天津下层妇女就业的主体、空间分布与其他》，《城市史研究》2011年第27期，第160—172页。

② 田涛：《论近代天津归国留学人群》，《江苏师范大学学报（哲学社会科学版）》2016年第1期，第1—6页。

③ 万鲁健：《近代天津日本侨民研究》，南开大学2010年博士学位论文。

④ 王丽丽：《民国时期天津工厂女工研究》，河北大学2010年硕士学位论文。

⑤ 关文斌：《文明初曙：近代天津盐商与社会》，天津人民出版社1999年版。

商的社会角色进行了详细分析,指出他们在社会上参与宗教、教育、救助等各类活动,他们的势力逐渐大过士绅,创造出一种新的城市市民文化及公共意识。关文斌除研究盐商等群体之外,也对另一社会边缘群体——天津地头混混儿做了研究①。贺萧的《天津工人,1900—1949》②一书主要介绍了天津城市社会中各类工人的工作及社会生活情况。

三、研究资料

(一)地方史志

天津自古就是我国北方重镇之一,明永乐二年(1404 年)设卫后,伴随着天津城市地位的不断上升,研究天津的历史资料逐渐增多,相继出现了官方和私人编修的一系列方志史料。其中涉及近代天津的主要有清道光二十六年(1846 年)的《津门保甲图说》。清同治九年(1870 年),吴惠元修,蒋玉虹、俞樾纂修的《续天津县志》二十卷。清光绪二十五年(1899 年),沈家本等纂修的《重修天津府志》五十四卷。民国时期的有:宋蕴璞的《天津志略》二十编、高凌雯的《天津县新志》,是 1949 年前最后一本完整的志书、王守恂的《天津政俗沿革记》。与天津相关的地方志还有《畿辅通志》等。

此外,天津市地方志编修委员会编著的《天津通志·旧志点校

① 关文斌:《乱世:天津混混儿与近代中国的城市特性》,《城市史研究》第 17—18 辑,天津社会科学院出版社 2000 年版。

② [美]贺萧(Gail B, Hershatter)著,许哲娜、任吉东译:《天津工人(1900—1949)》,天津人民出版社 2016 年版。

卷》[1]对现有的11部关于天津地区的地方志进行了点校，汇集成书。陈卓编著的《正史津门史料钩沉》[2]为了便于天津城市史地研究，从中华书局1974年出版的“二十五”中将涉及天津的史料抽出、分类编辑成书，是查阅古代天津地区史料的重要工具。

还有当代编写的一些史志资料也是本文研究的重要资料，主要有：天津市地方志编修委员会编著的《天津通志·附志·租界》[3]《天津通志·民政志》[4]；天津市河北区地方志编修委员会编著的《河北区志》[5]；天津市红桥区地方志编修委员会编著的《红桥区志》[6]以及海河志编纂委员会编的《海河志》[7]等。

(二)历史文化档案及图书

相关历史文化档案有林京志编选的《天津租界档案史料选》[8]；天津档案馆、南开大学分校档案系编的《天津租界档案选编》[9]；天津档案馆、天津市工商业联合会和天津社会科学院历史研究所联合整理的系

---

① 天津市地方志编修委员会编著:《天津通志·旧志点校卷》,南开大学出版社2001年版。

② 陈卓:《正史津门史料钩沉》,学苑出版社2008年版。

③ 天津市地方志编修委员会编著:《天津通志·附志·租界》,天津社会科学院出版社1996年版。

④ 天津市地方志编修委员会编著:《天津通志·民政志》,天津社会科学院出版社2001年版。

⑤ 天津市河北区地方志编修委员会编著:《河北区志》,天津社会科学院出版社2003年版。

⑥ 天津市红桥区地方志编修委员会编著:《红桥区志》,天津古籍出版社2001年版。

⑦ 海河志编纂委员会编:《海河志》,中国水利水电出版社1997年版。

⑧ 林京志编选:《天津租界档案史料选》,《历史档案》1984年第1期,第19—42页。

⑨ 天津档案馆、南开大学分校档案系编:《天津租界档案选编》,天津人民出版社1992年版。

列档案《天津商会档案汇编（1912—1928）》（1—4）[①]；天津市档案馆编《近代以来天津城市化进程实录》[②]《天津地区重大自然灾害实录》[③]；刘海岩主编的《清代以来天津土地契证档案选编》[④]等。

民国时期出现的一些涉及天津城市发展的图书著作也成为重要研究资料，主要有：吴蔼宸《华北国际五大问题》[⑤]；天津特别市社会局编《天津特别市社会局一周年工作总报告民国十七年八月至十八年七月》[⑥]；吴瓯主编的《天津市农业调查报告》[⑦]；实业部中国经济年鉴编纂委员会编纂的《中国经济年鉴》[⑧]；熊希龄的《京畿河工善后纪实》[⑨]；天津出版社出版的《天津便览》[⑩]；孙学谦的《天津指南》[⑪]等。

（三）民国文化期刊和报纸

主要期刊有：《社会半月刊》《东方杂志》《劳工月刊》《劳动季报》《津声》《天津特别市社会局政务汇刊》《经济统计季刊》《国际劳工通讯》《实业月刊》《市政评论》等。

---

① 天津档案馆、天津市工商业联合会等：《天津商会档案汇编》，天津人民出版社 1992 年版。

② 天津市档案馆：《近代以来天津城市化进程实录》，天津人民出版社 2005 年版。

③ 天津市档案馆：《天津地区重大自然灾害实录》，天津人民出版社 2005 年版。

④ 刘海岩主编：《清代以来天津土地契证档案选编》，天津古籍出版社 2006 年版。

⑤ 吴蔼宸：《华北国际五大问题》，商务印书馆 1929 年版。

⑥ 天津特别市社会局编：《天津特别市社会局一周年工作总报告民国十七年八月至十八年七月》，天津特别市社会局 1929 年版。

⑦ 吴瓯主编：《天津市农业调查》，天津协报社 1931 年版。

⑧ 实业部中国经济年鉴报告编纂委员会编：《中国经济年鉴》，商务印书馆 1934 年版。

⑨ 熊希龄：《京畿河工善后纪实》，天津图书馆藏 1919 年版。

⑩ 天津出版社编：《天津便览》，天津出版社 1928 年版。

⑪ 孙学谦：《天津指南》，新华书局 1924 年版。

主要报纸有:《大公报》《益世报》《申报》《北洋画报》《中央日报》等。

(四)文化地图集

文化地图集主要有:天津市规划和国土资源局编著的《天津城市历史地图集》[①]与天津城市建设档案馆编纂的《近代天津城市规划图说》[②];天津历史博物馆等编绘的《近代天津图志》[③]等。

四、内容与结构

作为城市化、工业化的重要构成部分,城区扩展与居民文化的构成密切相关,城市化、工业化最直接影响的就是城市空间的改变和城市居民构成的变化。开埠通商开启了天津近代化和工业化的历史进程,城市开始向外向型与开放型转变,城区外部形态和内部结构开始发生变化,城区面积迅速扩大,城市景观、市政建设和城区内部的居民构成等均有显著变化。在近代天津形成了老城区、租界区、河北新区、城市边缘区等类型迥异、风格不同的多元城区,它们不仅在不同历史时期发挥了不同的作用更奠定了当下天津城市的整体面貌,推动或制约着近代天津城市化进程。多元城区代表着天津各区各具特色的城市亚文化,构建出天津城市形象,不仅影响我们今天保护和开发历史文化城区,更对制定城市发展规划具有重要意义。

本书拟从功能城区的视角,借助历史地理、人文地理的相关研究理论,对1840年至1937年间的近代天津城区文化空间的扩展与居民的

① 天津市规划和国土资源局编著:《天津城市历史地图集》,天津古籍出版社2004年版。
② 天津市城市建设档案馆编纂:《近代天津城市规划图说》,天津古籍出版社2012年版。
③ 天津历史博物馆:《近代天津图志》,天津古籍出版社2006年版。

构成类型进行研究。详细论述并解读近代天津城市空间呈现的老城厢地区、租界区、河北新区和城市边缘地区四种不同类型的城市城区空间形态,分别对其形成过程、内部主要结构景观、居民构成以及居民生活状况等方面展开论述,以探求近代天津城市文化对城区文化空间和居民构成的具体影响和作用、影响和制约城区空间扩展和居民构成的相关因素、城区文化空间扩展与居民人口构成的互动关系及作用机理。

具体来说,本书共分为六部分,第一部分为绪论,主要介绍本书选题提出的背景、国内外相关研究综述、研究资料、本书结构与内容、研究方法及创新点等。第二部分为天津老城厢与城市文化溯源,主要探讨老城厢地区的形成过程、空间布局与城区文化构成、老城厢地区的居民构成及绅商文化等内容。第三部分为19世纪中晚期租界文化的出现,主要论述租界区的形成和空间文化、租界区地理文化环境的改变、租界区人口的汇集和居民文化构成等内容。第四部分为20世纪初河北新区建设及新区文化,主要论述河北新区的规划与开发、功能定位与居民构成、合院住宅与居民生活等。第五部分为华北灾民难民涌入与城市文化空间扩展,主要论述近代天津灾民难民的主要来源和数量、灾民难民丰富了天津文化构成,灾民难民聚集区的形成与城区文化空间拓展、城市边缘区居民构成与生计文化等内容。第六部分为从功能城区拓展看天津城市文化变迁,主要论述功能城区空间拓展与天津城市文化的特点、影响城区扩展与文化空间变迁的因素、上海城区文化扩展与天津城区文化发展的对比以及天津城区功能空间拓展对城市文化特质形成的影响等内容。

五、研究方法与创新点

(一)研究方法

近代天津城区空间扩张与文化变迁研究紧紧围绕着近代天津城区空间扩张的演进轨迹、城区空间扩张的变动规律以及与此紧密相关的人口结构变动展开。作为与人口关联的整体系统性研究,必然会涉及城区空间范围内的政治、经济、文化和社会结构及变动,在研究过程中势必要充分考虑近代以来天津城市化、工业化的历史场域及空间背景。此外,还应借鉴历史,思考和讨论天津城区规划、城区建设、城区发展和人口关系、城市文化品位提升等问题。因此,本书以历史文献研究法为基础,同时参考了城市社会学、文化人类学、人文地理学以及口述史等相关研究。具体的研究方法有以下三种:

一是历史文献分析法。本文通过对天津各个历史时期的地方志、档案、图片及其他文献资料进行收集整理、考据、比较,并在此基础上进行系统梳理和提炼,尽量还原天津各个城区的形成及演变过程,探讨各城区的居民构成状况并对不同城区进行比较研究。

二是城市空间分析法。在研究各个城区的形成和发展变化过程时,对历史资料和方志史料中的天津城市历史地图进行了分析和对比。文中采用了一定数量的历史地图,以期能利用图像语言表达直观的特点,来呈现天津城区发展历史中具有特殊性意义的画面,表现出不同历史时期城市发展的静态特征。

三是社会调查等其他相关研究方法。文章从天津城区空间的形成入手,但未仅停留在城市空间的物化形态上,而是在其形成过程中,对该地区居住人群的变化也进行了相应的分析和研究。这意味着研究在遵循研究对象所具有的历史性特征的同时，还需要借助社会调查等相关研究方法，详细考察不同城区居民的社会生活状况。

（二）创新点

1. 系统梳理天津城区空间扩张的类型及城区空间扩张中的文化形态变迁。城区史是城市史研究分支，属于城市微观研究的范畴。城区史兴起时间较短，相关的学术研究比较有限，尚有拓展的空间。天津城市史研究虽然兴起时间较早，但在城区史研究方面主要集中在对租界的研究，对其他城区的相关研究较少，关于天津城区的整体性比较研究还较为薄弱。本研究以近代天津城区的空间扩张与居民人口构成为主要研究对象，系统梳理并研究了近代天津城区空间扩张的几种典型类型以及每种城区空间扩张背后的驱动因素和在此过程中居民人口构成因素的独特性与城区空间扩张的深度契合性。因此，本书的研究具有一定的学术价值和创新性。

2. 从城市化视角系统审视近代天津城区空间扩张与市井文化构成的关联。本文创新性地从城市化的视角、以历史演进的顺序对近代天津城区空间扩张和居民构成类型进行研究。开埠通商开启了天津城市现代化的历史进程，伴随近代工商业的发展，天津发展成近代我国北方最大的工商业城市和经济中心。开埠通商与工商业的发展，打开了天津城区扩张与居民构成变迁的大门，使天津城区扩张与居民构成开始呈现出不同于传统封建城市的发展轨迹和特征。因此，以近代天津的城市化为主线来探讨城区扩张与居民构成成为本书的创新。

3. 立足服务当下天津城市文化空间建设，探讨城市空间扩张与城市文化构成的内在机理与契合性。本书深入讨论了近代天津城市空间扩张同居民人口构成之间的内在关系，针对不同的城区空间类型，以深入、翔实的史料探寻各类城市空间扩张及人口构成的发展演进轨迹，在此基础上把近代天津城区扩张与近代上海城区扩展进行了关联分析，试图探索出近代有开埠通商历史的沿海综合型城市城区扩张的一般规律，希望能给其他同类型城市的城区研究以启迪。

第一章　天津老城厢与城市文化溯源

金、元时期,天津已经出现了“直沽寨”和“海津镇”,但主要职能还是军事卫所。1404 年(明永乐年间)天津筑城建卫,从此天津成为一个完整意义上的城市,开启了城市发展的进程。原有的卫城作为天津历史文化悠久的老城区,成为以后天津城市不断拓展的基础。明代伴随着天津漕运和盐业的发展,天津的商业功能不断完善,城市地位快速提升。在这个过程中,城市的商人人数逐渐增加,占据了城市居民的绝大多数,打破了以“士农工商”为主体的传统社会结构,同时也构筑了独特的天津城市空间。

第一节　老城厢地区的形成

天津地处海河下游,比邻北京,地理位置优越。到了清代,天津的城市行政建制不断提升,城市的地位不断提高,开始走上城市发展的鼎盛时期。由军事卫所迅速演变成为一个华北地区较大的综合性商业中心。

一、天津优越的地理位置

天津市地处华北平原的东北部、海河流域下游东临渤海，北依燕山，是华北最大河流海河的五大支流：南运河、子牙河、大清河、永定河、北运河的交汇点和入海口，是华北地区的海上门户，素有“九河下梢”“河海要冲”之称。对于天津的地理位置，《畿辅通志》曾有这样的描述：“地当九河津要，路通七省舟车。九州万国贡赋之艘，仕宦出入、商旅往来之帆楫，莫不栖泊于其境。江淮贡赋由此达，燕赵鱼盐由此给。当河海之要冲，为畿辅之门户。”[①]

从元朝开始，北京开始成为全国的首都。作为国之帝都，北京是一个消费性的大城市，庞大的日常供给需要从江南调运物资。作为一个内陆性城市，北京缺少天然港口，因此天津凭借优越的港口位置成为拱卫北京的门户，发挥着“通舟楫之利，聚天下之粟，致天下之货，以利京师”[②]的作用。据《元史 · 食货志》记载，延祐以后，每年多达 300 万石的漕粮途经天津运往北京。可见，天津因依托北京而兴起，在军事上是北京的屏障，在经济上是京城物资供给的中转站，从某种意义上说，起初天津就是为服务北京而设的。

二、天津城市的出现与形成

“据历史地理的研究，天津城市聚落基点（或称最初居民点）的兴

---

① 参见《畿辅通志》第九册，河北人民出版社 1989 年版。

② 陈廷敬：《海门盐坨平浪元候庙碑记》，《天津县志》卷二一。参见来新夏主编《天津历史与文化》，天津大学出版社 2013 年版，第 75—76 页。

起，开始于今日旧城东北角外的狮子林桥西南面沿河地区的旧三汊口。”[①]侯仁之先生也曾指出，“天津聚落之起源，导始于直沽；直沽之发展，决定于河流。”[②]后来，金迁都燕京（今北京附近），在三岔口河岸一带建立了“直沽寨”，成为最早的天津市城区聚落。元朝时天津已成为重要的海运和内河航运重镇，出现了“一日粮船到直沽，吴罂越布满街衢”的热闹场面[③]。可见，金元时期，天津虽然尚未建造城池，但凭借有利的地理区位条件，已经出现了早期有市无城的城市雏形。1316 年（元延祐三年），改直沽为海津镇。1400 年（明建文二年），燕王朱棣称帝后即将海津镇改名“天津”，意为天子经过的渡口。1404 年（明永乐二年）开始筑城[④]。

三、清代天津行政建制的演变

明代的天津以其“河海之冲”“畿辅门户”的地理位置优势成为一座军事卫城。到了清代，天津开始走上城市发展的快速通道。伴随着社会的发展及商业经济的繁荣，天津的行政建制不断提升，城市地位不断提高，见图 1-1。1586 年（明万历十四年），天津城墙重修。1652 年（清顺治九年），三卫合并，设立民政、盐运河税收、军事等建置。1674 年（清康熙十三年），为增强城市抗洪能力，在天津原城三丈外另筑城墙。1725 年（清雍正三年），天津卫改为“天津州”，隶属于河间府。同年，

---

① 鲍觉民、何自强：《天津》，新知识出版社 1958 年版，第 18 页。

② 侯仁之：《天津聚落之起源》，天津工商学院出版社，1945 年，第 16 页。

③ 郭蕴静主编：《天津古代城市发展史》，天津古籍出版社，1989 年，第 69 页。

④ 天津市地方志编修委员会编：《天津区县年鉴 2008 年》，天津社会科学院出版社 2008 年版，第 61 页。

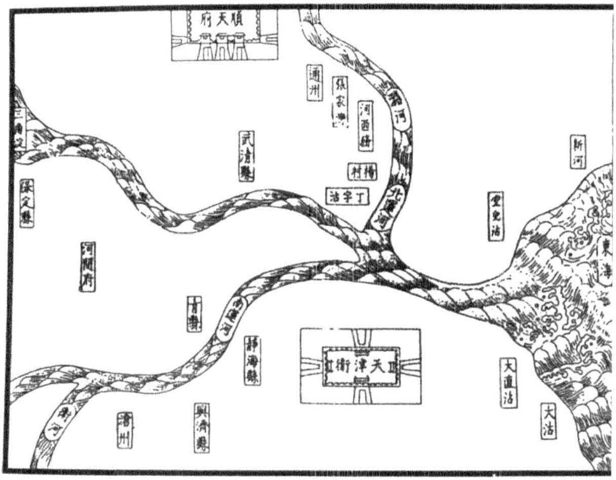

图 1-1　天津卫城的地理区位图

图片来源:(康熙)《天津卫志》,天津市地方志编修委员会编著:《天津通志·旧志点校卷》(上),南开大学出版社 1999 年版,第 7 页。

“天津州”又升为“直隶州”,下辖武清、静海、青县三县。从此,天津正式纳入国家行政管理体系,演变为一个独立建制的行政区域。1731 年(清雍正九年),天津从“直隶州”升为“天津府”,附郭置天津县,府县同城,天津府下辖沧州、天津、静海、青县、南皮、盐山、庆云等一州六县。天津的辖区范围进一步扩大,为天津城市空间的扩张奠定了基础,创造了条件。

第二节 老城厢的空间布局与城区文化构成

伴随着漕运、制盐和海运的发展,天津这座城市沿运河向外扩展。在开埠之前逐渐形成了以卫城为中心,以海河和南运河为轴线自由发展的城市格局,城市空间布局为"市在城外、城在市旁"。城内是官署衙门、寺庙和仓储设施的聚集地,是社会正统文化延续和传承的空间范围。城外商人云集,城墙外的三岔河口地区,形成了以天后宫为中心的商业区和城北以侯家后、北大关为中心的商业区,并且出现了针市街、估衣街、竹竿巷等专业性商业街市。

一、天津老城厢的空间范围

明朝在最初设立天津城时,为了便于漕粮在南北运河之间驳运,以保障中央政府的粮食供给,将城址选在南运河南岸。《新校天津卫志》记载,天津"城垣九里十三步,高三丈五尺"①。从 1404 年到 1840 年,经过 400 多年的发展,天津已经由一个军事卫所发展成为京畿大都市。

到 19 世纪中叶,天津的城市建成面积仅有 9.4 平方公里。据《二十世纪初的天津概况》记载,天津外城的具体范围是"东至瓦庄子,东北至锦衣卫桥,北至窑洼、河北,西北至佟家楼,南至海光寺日本兵营,东南至梁家园②。"可见,当时天津街市仅限于城厢及城北、城东沿南运河

---

① 参见[清]薛柱斗纂修《新校天津卫志》,成文出版社 1969 年版,第 54 页。

② 日本中国驻屯军司令部编,侯振彤译,《二十世纪初的天津概况》,天津市地方志编修委员会总编辑室 1986 年版,第 12 页。

及海河一带。天津以卫建城，因漕兴城，伴随漕运、制盐和海运的发展，天津的城市空间在不断拓展扩大。

二、城垣内的空间布局与主要构成

在城垣内，天津卫城北部因被众多官衙和寺庙占据而较为繁华，南部则比较空旷荒凉。这是由于城南多为水坑和洼地，地势较为低洼，人烟稀少，与城北部形成了鲜明的对比。这一状况基本延续至清康熙年间。这一点从下图中可以得到直观的展现。

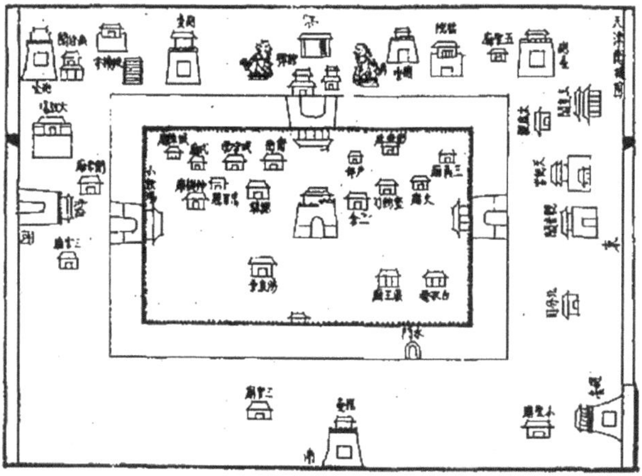

图 1-2　**天津卫城图**

图片来源：（康熙）《天津卫志》，天津市地方志编修委员会编著：《天津通志 · 旧志点校卷》（上），南开大学出版社 1999 年版，第 8 页。

(一)城内的空间布局

天津卫的建制与其他传统封建城市并无区别,即以鼓楼为中心的十字街布局,“鼓楼位于城内中央,楼有四门通四条大街”“四门之内有北、南、东、西四条大街作‘十’字形分布。”[①]随着卫城的发展,城内居民人数增加,在城内逐渐形成了许多小街、小巷,城内的建筑也逐渐增多,除住宅外,建筑主要以官署衙门和寺庙为主。《津门保甲图说》中曾记载,“镇、道、府、县及长芦运使皆驻城内,余文武大小公所十有四庙三十,有一大街,四小街,四衖巷,一百有六铺。”[②]这些街道和建筑都较为整齐地分布在主干道两侧。从图 1-3 我们可以看出城内整体布局规整,大小街道及建筑井然有序。

(二)天津城内的官署衙门与分布特点

天津三卫衙门是天津城内最早的建筑。后来,随着天津建制不断提升,城内的衙署也在不断增多。不同于传统城市一般规制的是,天津城以北门为正,城内的衙署自始多建在鼓楼以北东西两个街区。这种布局的形成主要受城内环境影响。天津城内地势北高南低,城南布满了大小不等的水坑。为了免受水患影响,衙署主要建在了地势较高的北半部。同时,由于文武衙门各自聚集,形成了“文东武西”的布局,即文职衙署多分布在东北区,武职衙署多分布在西北区,从表 1-1 我们也可以清楚地看到这一点。由于衙署一般是城内最早出现的建筑,又往

① 陈雍:《明清天津城市结构的初步考察》,《城市史研究》1995 年第 10 期,第 25—26 页。

② 《津门保甲图说》,天津市地方志编修委员会编著:《天津通志 · 旧志点校卷》(下),南开大学出版社 2001 年版,第 435 页。

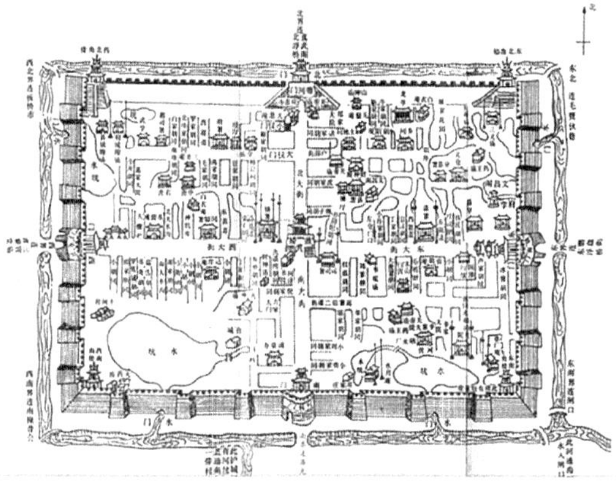

图 1-3　天津城内图

图片来源:《津门保甲图说》,天津市地方志编修委员会编著:《天津通志·旧志点校卷》(下),南开大学出版社 2001 年版,第 435 页。

往是先建衙门后铺道,所以,在城东北区和西北区两个街区形成了许多以衙署为中心的道路并以其命名,如府署街、户部街、运署西街等①。

---

① 参见刘海岩《空间与社会:近代天津城市的演变》,天津社会科学院出版社 2003 年版,第 42—43 页。

表 1-1 明清天津城内主要公署

名称	城内北半部位置	地址	房间数(间)	沿革
天津卫署	西	《津门保甲图说》中的府署街		据清乾隆《天津县志》卷七记载,天津卫署"在城内兵道司东南,明永乐三年指挥使倪兴建"。天津为署后变为天津府署。
天津左卫署	东	东门内大街路北		1665 年改为整饬天津道署。
天津右卫署	西	三皇庙前		据清乾隆《天津县志》卷七记载,天津右卫署"在天津卫西,明永乐四年指挥杨运建"。《新校天津卫志》称:"在三皇庙前"。
天津道署(全称为"直隶分巡天津河间等处地方兵备道")	东	东门内大街路北	159	《新校天津卫志》"整饬天津道"条注:"系天津左卫公署"。康熙间天津道署已迁至旧天津左卫署故址,即在东门内大街路北。
天津府署	西			据清乾隆《天津县志》卷七记载,天津府署"在大仪门西,即旧卫署,雍正十二年天津府知府李梅宾建。"
天津县署	东	鼓楼东旧仓廒		据《津门杂记》记载,"在鼓楼东旧仓廒基址"。天津县署建于雍正十二年。
天津府同知署	西	西门内		
天津镇总兵官公署	西	鼓楼西大街		明万历四十八年设"镇守天津总兵官"。
户部分司署	东	城北门里户部街		明宣德十年,户部建分司于天津,监督天津三卫所建之仓廒。顺治十二年裁撤。

续表

名称	城内北半部位置	地址	房间数（间）	沿革
巡按长芦盐政监察御史公署	东	旧饷道衙门故址	122	康熙七年经御史孟戈尔代疏，长芦巡盐御史公署从京师移至天津旧饷道衙门故址。
天津钞关公署	东	城北门内户部街		康熙四年移户部河西务关驻天津，称“天津钞关”
长芦盐运使司公署（全称为“长芦都转盐运使司管盐法道运使”）	东	天津城内鼓楼东大街向北	242	原在沧州，康熙十六年移驻天津，赁民房以居。

资料来源：据《天津县志》《新校天津卫志》整理

《天津县志》，天津市地方志编修委员会编著：《天津通志 · 旧志点校卷》（中），南开大学出版社 2001 年，第 70—73 页；［清］薛柱斗纂修：《新校天津卫志》，成文出版社 1969 年版，第 108—111 页。

（三）天津城内的主要庙宇及分布特点

庙宇众多是明清时期天津城的一大特点。早在明时，天津已是庙宇林立，到清代时庙宇数量又增加了许多。1655 年，荷兰使节哥页来津时曾慨叹，“这个地方到处被庙宇所点缀”①。据 1846 年编制的《津门保甲图说》记载，当时天津城关和四郊的寺庙已经多达 523 座。清代天津庙宇类型还出现了“堂”“林”“观”“祠”等新的建筑形式②。

从图 1-2、图 1-3 中可以看出，天津城内庙宇众多，但它们的分布并

① ［英］雷穆森：《天津——插图本史纲》，《天津历史资料》1964 年第 2 期，第 3 页。
② 郭蕴静主编：《天津古代城市发展史》，天津古籍出版社 1989 年版，第 131 页。

不均匀，主要集中在城内的北半部。据《新校天津卫志》记载，在天津城内共有庙宇12座，只有3座位于鼓楼以南，其余都在城市北半部（详见表1-2）。到鸦片战争前后，天津城内的庙宇数量大大增加，从表1-3可以看到当时的庙宇已达35座，是《新校天津卫志》中记载天津卫庙宇数量的近3倍，并逐渐形成了以文庙、武庙为中心的庙宇聚集趋势。

表1-2　1675年天津卫城内寺庙表

名称	数量	位置
城隍庙	1	城内西北
文庙	1	东门内
武庙	1	西南城花楼上
关帝庙	3	城内仓北；南门里；北门瓮城
涌泉寺	1	南门里
朝阳观	1	城内仓北
三义庙	1	城内东北隅
药王庙	1	城内南门里东
马神庙	1	东门瓮城内
白衣庵	1	城内草场东南角
合计	12	

资料来源：据（康熙）《天津卫志》，天津市地方志编修委员会编著：《天津通志·旧志点校卷》（上），南开大学出版社1999年版，第67—68页整理。

表 1-3　1846 年天津城墙内寺庙数量统计表

名称	数量	位置	备注
府城隍庙	1	城内西北	
县城隍庙	1	府城隍庙西	乾隆四十一年建
昭忠祠	1	府城隍庙内	嘉庆十四年敕建
关帝庙	4	北门子城； 展家花园东； 户部街； 运署后二道街	
文昌庙	1	东门内	
文昌阁	2	县学东北； 县署东	
观音阁	1	北门内	
火神庙	1	鼓楼西板桥胡同	
药王庙	2	义仓东； 运署后二道街	
三皇庙	1	大仪门内	
财神庙	1	镇署后板桥胡同东	
土地祠	1	户部街	
三义庙	1	东北角楼南	明建，乾隆年重修
白衣庵	2	中营前； 龙亭东	
弥勒庵	1	东大街	康熙三十八年，乾隆三十九年、嘉庆元年重修
水月庵	1	城内西南隅	康熙年建，乾隆、嘉庆年重修
草厂庵	1	城内东南隅	
达摩庵	1	西门内南	
三圣庵	1	大仪门西	
准提庵	1	西门内大銏栏东	

续表

名称	数量	位置	备注
太山行宫	1	运署后二道街	
韦舵庙	1	东大街	
财神殿	1	县署北	
山神庙	1	北门东	
大悲阁	1	小仪门北	
涌泉寺	1	南门内西	
乡祠	1	龙亭南	
朝阳观	1	户部街	
无量庵	1	郑家大院东	
合计	35		

资料来源：据《津门保甲图说》，天津市地方志编修委员会编著：《天津通志·旧志点校卷》（下），南开大学出版社 2001 年版，第 435 页整理。

明清时期天津城内庙宇众多，并形成了以文庙、武庙为中心的分布特点，这与当时朝廷的支持和大力倡导是分不开的。清顺治九年（1652年），敕封关公为忠义神武关圣大帝，催发了全国各地兴建关帝庙的热潮。天津官府于“每年春秋二仲月，及五月十三日致祭”[①]。而明清时期，朝廷对儒家思想推崇备至，修孔庙祭孔子不仅已成为各级地方官员的重要职责还是国家大事，因此，文庙的修建和所在位置也直接影响了其他相关庙宇的分布。天津城内东北部庙宇的分布就是以文庙为中心而展开的，在其附近设置了“明伦堂、东西斋及府县学官公廨”[②]等相关

① 《天津志略》，天津市地方志编修委员会编著：《天津通志·旧志点校卷》（中），南开大学出版社 2001 年版，第 85 页。

② 侯亚伟、侯杰：《鸦片战争前后天津庙宇的空间分布——以〈津门保甲图说〉为中心》，《世界宗教研究》2012 年第 5 期，第 160 页。

建筑。当然，庙宇修建的蔚然成风与满足民众的精神需要、追求神圣仪式活动的愿望直接相关，这也导致庙宇常常依据自然环境与方便民众祭祀的原则兴建，整体不规则地分布在城内不同区域，呈现出区域不平衡性。

天津老城厢内除了官署、庙宇等建筑外，还有一些商用建筑和民用住宅。特别是天津升为“天津府”以后，天津城内官员增多，官员居住的房舍密集。为了加强与官员们的联系与沟通，许多富商大户也开始来城内建宅、居住，而这些深宅大院也主要集中在城北区域。城南低洼地带则成为贫民居住区，因住宅简陋破旧，所以才有了“北门贵、东门富、南门贫、西门贱”[①]的民谚。

三、城垣外的商业中心

天津城外的商业中心主要在城北和城东，城北是以北门外大街为中心，由城市的港口货运集散地逐渐发展起来的商业中心；城东是以天后宫为中心逐渐兴起的祭祀和庙会商业中心。

(一)商业中心的具体位置和范围

天津城北商业中心，位于南运河南北两岸。它以北门外大街为中心，东西两侧为专业性商业街市，形成一只展翅飞翔的蜻蜓形状。南北向的北门里大街是蜻蜓头部，北门外大街是身躯，河北大街是尾部，东西向的估衣街、锅店街、侯家后大街、洋货街、竹竿街、针市街是翅膀。[②]

---

① 章用秀：《天津老俗话》，天津人民出版社2011年版，第165页。

② 王绣舜、张高峰：《天津早期商业中心》，载中国人民政治协商会议天津市委员会、南开区委员会文史资料委员会合编：《天津老城忆旧》，天津人民出版社1997年版，第111页。

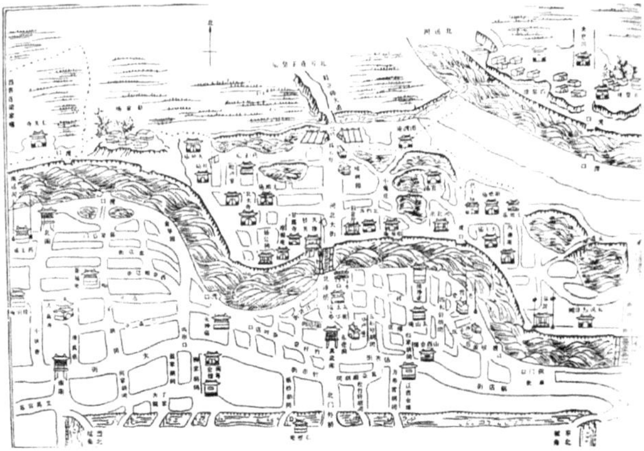

图 1-4　清代天津北门外图

图片来源：《津门保甲图说》，天津市地方志编修委员会编著：《天津通志·旧志点校卷》(下)，南开大学出版社 2001 年版，第 439 页。

城东的商业中心在东门外，以三岔河口以南、海河西岸的天后宫为中心，一条街道被分为了南北两段，包括宫南大街和宫北大街。它长度有一里多。这里有香火鼎盛的天后宫、崇仁宫和天齐庙。天后宫(俗称娘娘宫)始建于元泰定三年(1326 年)。南来北往的商人和水手为奉祀妈祖、庇佑出海安全，建置了该庙。后来随着漕运兴起后，天后的“职能”也发生了变化，天后宫演变为百姓求福祈顺的地方。随之渐渐成为天津百姓宗教活动的中心。每逢过节家家户户、老老少少都要到天后宫逛逛，烧香、讨签、放风筝等，人流不息，热闹异常；而每年一度的“娘娘会”，更是万人空巷争看天后“出巡”。

（二）城外商业中心形成的原因

天津最早的城市聚落形成于海河尾闾的三岔河口地区。《天津卫志》中明确记载，三岔河口位于天津城东东北隅（今狮子林桥附近），这个位置是海河、南运河、北运河三河交汇处。三岔河口是天津最早的居民聚集点，也是最早的旱路码头和商品集散地，故有"天津的摇篮"之称。历史上有"先有三岔口，后有天津城"的说法。从元朝开始，三岔河口就是天津海运、漕运的必经之路和货物转运码头，来往天津的船只都在这里汇集。明清时期，运河上设置了户部常关，并于清康熙元年将河西务关移至天津，位于北门外大街的南运河边，俗称为北大关。北大关设立后，过往的船只都要到这里停泊，装卸货物，验关纳税。这就导致三岔河口地区的商业逐渐向北大关周边转移，北大关附近渐渐发展成为新的天津商业中心。

（三）商业中心中的专业性商业街市

城北的商业中心除北门外大街为综合性商业街市外，其他的街道如估衣街、竹竿巷、针市街等都是因行业聚集而形成的商业街，拥有突出的行业特征。估衣街因卖旧衣服而得名，被称为老天津最繁华的街道，在这条街道上有很多服装店与绸缎庄。竹竿巷因其细长狭窄如竹竿状而得名。虽然狭小，但竹竿巷里巨贾云集，银号众多，素有"银子窝"[①]之称。河北大街是一条长度不足一千米的南北街道，两边集中了一些贩卖日常生活用品的店铺，其中以铁器用具和瓷器店较为著名也

① 周俊旗主编：《民国天津社会生活史》，天津社会科学院出版社2002年版，第128页。

最为发达。

(四)侯家后的消闲娱乐中心

侯家后是名誉津门的消闲娱乐区和商业中心。侯家后的地理位置非常优越:北临沿河码头,南近估衣街,东靠大胡同,西依北大关,为繁华商业区所包围。清中叶以后,这里聚集了天津最有名的妓院、饭馆、茶园、落子馆等消遣娱乐场所,成为有名的"销金锅子"①。当年著名的"八大成"饭庄聚在于此,享誉海内外的狗不理包子也是从这里兴起的。

第三节　老城厢地区的居民构成及市井文化

在中国传统封建社会中,城市社会结构的变化较小。"城市社会阶层主要分为贵族、官僚与平民阶层,城市社区由官僚和缙绅控制……大多数城市人口从事与封建官府和封建经济密切相关的行业。"②天津作为明清时期逐渐兴起的传统商业城市,由于其特殊的地理位置,盐业、漕运和海运的快速发展,城市的政治、经济地位不断上升,官员数量不断增加,吸引众多外地商人云集天津,商人渐渐构成了城市居民的主体。

---

① 天津市红桥区地方志编修委员会编著:《红桥区志》,天津古籍出版社 2001 年版,第 95 页。

② 李明伟:《清末民初中国城市社会阶层研究(1897—1927)》,社会科学文献出版社 2005 年版,第 67 页。

一、老城厢地区居民构成状况

在明代，天津是以军事卫所面貌出现的，城市人口主要以军士为主，后来随着天津城市经济的发展，特别是商业贸易的繁荣，极大改变了城市的封闭性和军事性，大批外来人口开始自发聚集于此，这次天津城市人口的聚集不同于明初强制性的人口聚集①。

清代天津城市的发展，吸引了大量外来人口到来和聚集，外来人口逐渐超过本地人口，天津逐渐成为五方杂处之地。其中流入的人口以商人为主，也有部分因仕途原因移居天津的官僚。《天津政俗沿革记》中曾记载“商贾宦幕或侨居于此，数世之后，子孙孳息，而户口密如”②。清道光二十六年（1846 年）《津门保甲图说》详细记载了当时天津老城厢居民的数量和构成。

表 1-4 1846 年天津城厢地区的职业结构

职业	户数	百分比
神衿	653	1.99%
盐商	372	1.14%
铺户	11626	35.49%
烟户	9719	29.67%
土住	746	2.28%
应役	2338	7.14%

① 罗澍伟主编：《近代天津城市史》，中国社会科学出版社 1993 年版，第 95 页。

② 《天津政俗沿革记》，天津市地方志编修委员会：《天津通志·旧志点校卷》（下），南开大学出版社 1999 年版，第 25 页。

续表

职业	户数	百分比
佣作	707	2.15%
负贩	5711	17.43%
船户	673	2.05%
医卜	22	0.07%
乞丐	89	0.27%
僧道	105	0.32%
总计	32761	100%

资料来源：《津门保甲图说》，天津市地方志编修委员会编著：《天津通志·旧志点校卷》（下），南开大学出版社2001年版，第435页。

从上表可以看出，由于天津商业的发展，商户人数大量增加，其中盐商有372户，各类铺户11632户，走街串巷的负贩有5711户，这三种商业人口总共有17715户，占老城厢地区居民总户数的54.07%，可见商人占据了天津居民的绝大多数，成为城市居民的主体。其次是烟户占居民总数的29.67%，再次是应役占居民总数7.14%，佣作占2.15%，船户占2.05%，神衿占1.99%。

二、老城厢居民构成分布

因为独特地理区位和天津老城厢的地形构造，天津最初的居民主要居住在三岔河口、北门外、东门外、东北城角等区域，而“城中地势洼下，居民鲜少”[①]。从清代开始，天津城内才渐渐发展成为一个新的居民聚集区。到1846年，天津地区居民的居住情况发生了很大变化。从

① （明）毕自严：《抚津疏草》·卷一，《防海方新列款开陈疏》。

表1-5可以看出，伴随商业发展，城内成了居民最多的区域，占了居民总户数的30.26%；其次是东门外和北门外，分别占了总户数的21.39%和20.17%；南门外则居民稀少，只有2.63%的居民生活在这一地区。具体到不同类型居民的空间分布来看，县城内的神衿是最多的，占了神衿总户数的44.1%，神衿是指曾为官或者有功名的人，这些人大都居住在城内。盐商作为与官员交往最为密切的群体，他们也大都居住在城内，约42.4%的盐商居住在城内。应役是应官府之招，专门为其提供劳务服务的人，县城内官署密集，所以应役之户必然大多居住在城内，城内的应役占了应役总数的48.71%。城内作为寺庙密集的地区，僧道也大都居住在城内，城内的僧道占僧道总数的30.47%。另外，北门外和东门外作为天津的商业中心，大量的铺户聚集在此地，占总数的53.07%。而城外大量铺户的存在，需要许多从事服务行业的人员，即佣作，因此他们大都居住在北门外，占据了佣作总数的59.68%，这从一个侧面反映了当时北门外商业的繁荣和商户的众多。船户作为依靠船只生活的居民，他们大都居住在运河旁边的东门外和北门外，东门外有海河流过，所以船户的29.71%都集中在这里。由上述居民住户类型结构的变化情况可以看出，清代道光年间天津老城厢的居民构成已经发生变化，由明代以军户为主逐渐转变为以商户为主；居民职业类型开始多样化，但仍然是围绕官僚和商业经济出现的传统就业类型。这一时期的居民主要居住在河流两岸、城内、北门外、东门外等区域，商业繁荣的地方也是人口密集区。

表 1-5　1846 年天津地区居民分布状况表

职业	神衿	盐商	铺户	负贩	烟户	应役	佣作	船户	土著	乞丐	僧道	医卜	合计	占比
城内	288	159	3132	1935	2887	1139	30	19	257	25	32	11	9914	30.26%
东门外	129	110	2975	1330	1717	383		200	113	22	29		7008	21.39%
北门外	103	52	3196	799	1426	427	422	131	31	10		11	6608	20.17%
西门外	39	4	823	465	1526	156	130	37	197	7	15		3399	10.37%
南门外	2	3	280	102	418	19			31	2	4		861	2.63%
东北城	36	13	318	762	1087	95	27	192	78	14	17		2639	8.05%
西南城	56	34	902	318	658	119	98	94	39	9	8		2335	7.13%
合计	653	375	11626	5711	9719	2338	707	673	746	89	105	22	32764	100%

资料来源：《津门保甲图说》，天津市地方志编修委员会编著：《天津通志·旧志点校卷》（下），南开大学出版社 2001 年版，第 435—441 页。

三、老城厢居民构成演变原因分析

明代天津城市定位主要还是一个军事卫所，卫所驻军构成了早期天津居民主体，军队移民构成了城市居民的主要人口来源。后来，由于成为南北漕运的中心，地理位置优越，交通便利的水路交通网络逐渐形成，随着天津作为商业活动中心地位的日渐突出，往来客商络绎不绝，天津城市的非军队移民数量不断增加。同时，明代军队移民也逐渐、广泛、大量地参与到各项经济活动中，使他们自身的军人身份逐渐发生转变。此外，天津是长芦盐业的生产营销基地，吸引了许多盐商和盐户在天津安家落户。天津老城厢居民构成演变具体有以下几个方面的原因：

（一）原有军队移民的自身转变

洪熙元年（1425 年），明仁宗下令允许漕运官军附载私货，此后数次明文规定，漕运官军可以附“带土宜物货”（即土特产品），并禁止沿河税卡阻拦和盘查。在成化十五年（1479 年）对私货有了明确的数量规定，每船不得超过 10 石，后来又将限额增加到 60 石。清朝，在漕运中保留了明朝后期的制度，允许每艘漕船北上时可以携带 60 石免税私货。雍正时，甚至将每艘北上漕船私货的限额放宽到 100 石、126 石。受经济利益的驱动，漕运军夫踊跃参与附载私货，进行私货贸易。附载私货进行私货贸易促使漕运军夫的身份发生了变化，他们兼备军人与商贩的双重身份。随着漕运私货数量不断增加，漕船中揽运客商货物渐成规模，漕运军夫的兼差商贩身份也日益强化。另外，造船军匠的身份也发生了变化，他们只要摘除军夫的帽子，马上就可以成为造船工匠[①]。同时，屯田军夫也逐渐向农民转变，农业逐渐成为其本业。

（二）漕运对外来人口的吸引

天津境内河道密布，南北运河交汇于此，海河在此流入渤海。天津成为连接运河航运与海运的唯一通道，水运交通非常便利。明清时期，天津作为漕运重地，承担着漕粮运输、储备等相关职能。毫不夸张地说，漕运促进了天津的崛起，带来了天津商业人口的聚集、居民构成的转变。漕运的兴盛，促使天津呈现水陆云集、车船如织、店铺林立、货物

① 高艳林：《试论天津由“卫”改“府”“县”之人口原因》，江沛、王先明主编：《华北区域社会史研究》，天津古籍出版社 2005 年版，第 26 页。

堆积的繁荣景象。清人吴惠元《续天津县志》中曾记载,“(天津)北拱神京,南控诸夏,东连沧海,西望太行,形胜甲于天下,盖畿辅一都会哉。其间轮蹄辐辏,舳舻扬帆,往来交错,尽昼夜而无止。天庾之挽运,蒸民之懋迁,取道诸此”[①]。常年大批漕运船只进出天津,导致大量漕运官吏、戒护漕运的士兵、众多的船工和水手等频繁进出天津进而选择在天津定居。漕运人员附载的大量土特产品、货物在天津汇集并进行贸易,催生了天津商业贸易的繁荣,带动了货栈、旅馆、餐饮等相关服务行业的发展,吸引了更多的商贩客户聚集于此,从而使天津商铺林立,商贸繁荣。

(三)盐业对人口构成的影响

天津濒临渤海,制盐业具有很长的发展历史,汉武帝时在天津境内就出现了章武和泉州两处盐官。到明朝中后期,由于晒盐技术的采用,天津盐业生产规模进一步扩大。天津长芦盐业的发展使天津灶户和盐商人口大量增加。1668 年,康熙帝下诏将“巡盐御使”从北京移至天津。1684 年康熙帝又将“长芦盐运使司、盐运使、知事、广积库大使”,从沧州移至天津。从此,天津不仅是天津长芦盐业的生产、转销中心,也成为长芦盐区的管理中心。清雍正年间,长芦盐业运销额已达 96.6 万余引[②]。清康熙年间,朝廷曾经公开号召本地殷实户投资盐业,以各种优惠政策条件吸引外地客商来津经营盐业。在清政府的支持号召下,江苏、安徽、山西、浙江等省份的许多商人来津经营盐业,从而使天

① (清)同治《续天津县志》·卷二,《形胜》。

② 郭蕴静主编:《天津古代城市发展史》,天津古籍出版社 1989 年版,第 285 页。

津的盐商数量迅速增加，成为一个特殊的商业群体。

（四）清政府的扶持政策对天津居民构成的影响

在天津的商人增多，离不开清政府对天津的扶持，为了鼓励商人来津经商定居，顺治帝曾多次下诏豁免天津地区的赋税，以示“笃厚根本之意”[①]。康熙帝除了延续原有政策外，还在海禁期间特许天津船户领龙票，专门从事海运，贩运奉天的粮食。乾隆七年（1742 年）谕准天津等关口“商贩米船，概给票放行，免其上课”。乾隆三十年（1765 年）又以天津地方政府的名义颁布文告，免除福建、广东在津商人的税银，鼓励其扩大与天津的埠际贸易[②]。此外，乾隆皇帝曾先后 10 次来天津巡视，这不仅彰显了清政府对天津发展的重视，而且大大提升了天津的知名度，吸引了外地商人来津经商，带动了周边居民来津谋生和发展。

第四节 商人的云集与独特城市文化空间的形成

以转运贸易为主要特征的天津传统商业的兴起，吸引着众多外地商人和商帮云集天津，转运贸易的繁荣导致天津城市经济十分活跃，也使得天津本地“逐末者”的数量急剧上升[③]。商人作为天津城市居民主体，在城市的经济中发挥着越来越重要的作用，他们扩展了天津城市的

---

① （清）光绪《天津府志》· 卷一，《诏谕》。

② 徐永志：《明清政府与天津社会经济变迁》，《中国社会经济史研究》1998 年第 4 期，第 38 页。

③ 庞玉洁：《开埠通商与近代天津商人》，天津古籍出版社 2004 年版，第 17 页。

商业空间，而且在城市中塑造了独特的城市空间载体，在城市空间中留下了印记。

一、老城厢传统商人的种类

商人是一个非常复杂的群体，根据不同的分类标准，可以进行不同分类。我们既可以根据其所从事的经营行业进行分类，可以根据地域来源进行分类，还可以根据其等级进行分类。本章从商人拥有社会财富的多寡和所处的商人阶层，将天津的传统商人分为富商大家、铺商和走街串巷的小商小贩三类。

（一）富商大家

这部分商人大多出身官绅、地主或者商人世家，拥有相当丰厚的资产，往往和官府有着千丝万缕的联系。他们大多拥有雄厚的资本、经营着风险大、收益高的行业，主要包括盐商、粮商、海运等。富商大家中最具有代表性的是“天津八大家”[①]，乾隆举人杨一昆曾作《天津论》，以歌谣的形式形象地描绘了这些豪门富商的奢华生活及与官府的关系。

> 天津卫，好地方，繁华热闹胜两江。河路码头买卖广。看风光，人疑是广积银两，哪知道内里空虚皆无实在项。不种田，不筑厂，赤手空拳即可把钱想。第一是走盐商，走久接地方，一派纲总更气象。水晶顶，海龙裳，大轿玻璃窗儿亮，跑如飞蝗，把运司衙门

① 天津八大家有两种不同说法，详见周利成：《天津八大家是谁》，天津古籍出版社2014年版。

上。店役八九个，围随在轿旁，黑羔马褂是家常，他的来头可想。卖的盐，任意铺张，赔累了，还须借帑账。其次粮字号，买手最吉祥，年深也把船来养，一年四趟，锦州牛庄，荒年一载大沾光，一只可赚三只粮。钱来得涌，职捐得狂，蓝顶朝珠皆可想。又次开粮店，洋货杂货行，认客投主，有帖应行，拿佣也够加一账。[①]

天成号韩家很早就累积起大量资财，起居阔绰，生活奢华。韩家人在举办丧事时，所用执事、亭台、旗幡、服装，都是自家所有，排列在几条相连接的大街上连续不断。出丧时沿途舍钱，让贫民争相拾取。四乡人多有来津观光，如同来看赛会[②]。由此可以看出，当时天津富商大户在拥有大量财富资产的同时，其生活富足奢华讲究排场，天津城内当时的富商大家群体对天津经济社会结构乃至风俗礼仪的影响很大，也正是与其经济社会地位对照，使这一群体在当时的城市经济社会生活中拥有绝对主导地位的话语权。

(二)铺商

铺商是天津老城厢商人中所占比例最多的群体。据《津门保甲图说》记载，铺商共有 11626 户，占老城厢总居民数户的 35.5%，占商户的 65.78%，是天津商人群体的主力，他们主要分布在县城内、北门外、东门外和西北角等区域。从表 1-6 可以看出，除东北角外，铺商在其他区域都占商户总数的 60%左右，在北门外天津商业繁华区更是占到

① 沈云龙主编：《近代中国史料丛刊第一辑》，文海出版社 1966 年版，第 230 页。

② 纪华：《天津八大家》，中国人民政治协商会议全国委员会、文史资料研究委员会《文史资料选辑合订本》编：《文史资料选辑》第 40 卷第 116 辑，中国文史出版社 2011 年版，第 142 页。

78.97%。《筹办夷务始末》中曾记载,"津郡本五方杂处之区,商贾铺民俱在城外紧靠河边,殿宇林立,行人络绎,兼值漕船盛行之际,往来更复倍增"。①

表 1-6 1846 年天津铺商和贩商统计表

区域	铺商(户)	所占商户比例	负贩(户)	所占商户比例	盐商(户)	合计
县城内	3132	59.93%	1935	37.03%	159	5226
北门外	3196	78.97%	799	19.74%	52	4047
东门外	2975	67.38%	1330	30.12%	110	4415
西门外	823	63.7%	465	35.99%	4	1292
南门外	280	73.3%	102	26.7%		382
东北角	318	30.1%	726	68.68%	13	1057
西北角	902	71.93%	318	25.4%	34	1254
合计	11626	65.78%	5675	32.11%	372	17673

资料来源:《津门保甲图说》,天津市地方志编修委员会编著:《天津通志·旧志点校卷》(下),南开大学出版社 2001 年版,第 435—441 页。

(三)小商小贩

小商小贩是商人群体的最底层,他们经营成本少,获利甚微,勉强糊口。他们活跃在集市上或行走在街头巷尾,走街串巷,肩挑手提,零星叫卖,没有固定的经营场所。据《津门保甲图说》记载,天津有小商小贩 5675 户,占商户总数的 32.1%,他们主要集中在县城内、东门外、西

① 第一历史档案馆编:《鸦片战争档案史料》第一册,上海人民出版社 1987 年版,第 365 页。

门外和东北角，特别是东北角小商小贩占了人口的68.7%。小商小贩主要是为居住在县城内、东门外、北门外等区域官宦家属、神衿、富贵大家提供日常生活所需物品的从业者，而东北角比邻北门外和东门外的天津商业中心，人口稠密，便于小商小贩采购和销售，因此，东北角也就成为小商小贩的主要聚集地。

二、天津老城厢会馆文化

天津位于九河下梢，河海相连，是著名的河运、海运港口，再加上丰厚的渔盐资源，吸引了各地商贾聚集津门。在天津城外的商业中心也出现了商人的独特活动空间——会馆。会馆不仅仅是指一种特殊的活动空间，而且代表着来自相同地方且居于城市中的商人或者学者结成的一种联系或者关系网络，具有建筑与组织双重含义。

天津会馆主要是由同乡商人发起组建的，目的是为了联络感情、协调关系、议定策略、维护共同的商业利益。天津的会馆不同于北京的会馆，北京的会馆主要是为赴京赶考的人所建，由在京任职的官僚集资为家乡人所建，与商人本身的利益关系不大。天津的会馆主要是进行与商贸业务相关的活动，共同讨论商情、物价及货物储备、资金融通等问题。例如天津的山西会馆是由山西"十三帮四十八家"巨商组建，在当时山西籍在津商人中具有较大的号召力和影响力①。

同时，会馆作为一种建筑形式，是商人重要商业活动空间之一。会馆所处的地理位置、建筑规模和数量多少既反映了不同地域或行业商人的数量和经济实力，还与城市经济发展程度密切相关。有的学者提

① 王兆祥、刘文智：《中国古代的商人》，商务印书馆1995年版，第70页。

出天津会馆的大量出现可以看作天津走向繁荣的一个标志①。清乾隆四年(1739年)天津出现了第一个会馆——闽粤会馆,在此后的二百多年时间里,天津的会馆经历了发展、鼎盛和衰亡,在鼎盛时期,天津会馆有近20家,详见表1-7。

表1-7 天津会馆表

会馆名称	建置者	所处地点	创建时间	所管辖公所	附属房屋和义地等情况	备注
闽粤会馆	厦门、潮州商人	北门外针市街	乾隆四年(1739年)	厦门商人的"苏万利公所";潮州商人的"万利盛公所"	附设岭南和闽粤山庄两个义地;原有房屋693间;土地50.38亩	俗称洋蛮会馆,在财务管理上实行三帮轮值,后改为民居
江西会馆	江西瓷商	估衣街万寿宫	乾隆十八年(1753年)		两个义园;一块义地(54亩);房屋168间;曾办过江西小学	又称豫章会馆,位于海河及其支流汇合之处,是水陆交通的交会点
山西会馆	山西烟商	粮店街	乾隆二十二年(1757年)			西客烟行聚议之所
山西会馆	山西杂货商(十三行帮捐赠)	锅店街	道光二年(1822年)	山西同乡会	房屋441间;墓地25亩;曾办山西小学、山西中学	山西盐当杂货等商人聚议的公所,三岔河口,漕粮集散地

① Zhang Xiaobo. *Merchant Associational Activism in Early Twentieth Century China: The Tianjin General Chamber of Commerce*, 1904-1928 [M]. Ph. D. Diss. Columbia University, 1995, 188.

续表

会馆名称	建置者	所处地点	创建时间	所管辖公所	附属房屋和义地等情况	备注
济宁会馆	山东济宁商人	北门外西崇福巷肉市口	同治四年（1865年）			
怀庆会馆	河南怀庆药商	北阁小伙巷与曲店街交口东	同治七年（1868年）	怀庆同乡会	房屋40间	西南城角以北
中州会馆	河北商人	河北大经路	同治（1862—1874年）			
丁公祠庐阳公所	安徽商人	南马路丁公祠胡同	光绪六年（1880年）		原有房屋100间	
浙江会馆	浙江商人	汕头路	光绪八年（1882年）	浙江乡祠	楼房40间，砖瓦房91间，灰房30间，罩棚一座；有义园76亩、义地、疗养院15间；墓地111亩；曾办浙江小学、中学	在浙江乡祠的基础上建成
江苏会馆	江苏商人	东门里仓廒街	光绪十三年（1887年）		房屋111间；义园有房265间，土地12.39亩；公墓38间，土地146.26亩	江苏省旅津同乡会建立
广东会馆	广东商人	城内鼓楼南盐运使署旧址	光绪二十九年（1903年）		铺房百余幢；义地百余亩；建立广东中学	倡建者为天津海关道唐昭仪、英商怡和洋行买办梁炎卿等

续表

会馆名称	建置者	所处地点	创建时间	所管辖公所	附属房屋和义地等情况	备注
安徽会馆	安徽商人	河北李公祠	光绪三十四年(1908年)		楼房22间,平房109间;地基60余亩;土地520余亩;曾办过安徽中小学	直隶总督杨士骧、军阀袁大化、实业家周学熙等倡建
云贵会馆	云南、贵州商人	河北五马路宇纬路北端	宣统三年(1911年)		房屋137间;土地101亩;地基20亩	直隶总督陈夔龙创建
山东会馆	山东商人	大沽路365号	1933年	山东旅津同乡会和山东登莱旅津同乡会	占地4.96亩;房屋30余间;曾创办公学、山东医院、养病所、义园和公墓	在各省会馆中人数最多

资料来源:汤旸:《明清时期天津的会馆与天津城》,《中华建筑》2006年第11期,第106页;奇羿:《天津部分会馆简介》,中国人民政治协商会议天津市委员会文史资料研究委员会编:《天津文史资料选辑》(第56辑),天津人民出版社1992年,第158—170页;谢鹤声、刘炎臣:《天津各省会馆始末概述》,中国人民政治协商会议天津市委员会文史资料研究委员会编:《天津文史资料选辑》(第56辑),天津人民出版社1992年,第171—189页。

从会馆的作用来看,会馆除了商人们聚集联络、商讨商业事务之外,平时最主要的活动就是做慈善公益事业,对同乡进行救济,妥善安排同乡人在异乡的生老病死,因此天津的会馆都建有自己的公墓。江西、浙江、江苏、山东会馆建有自己的义园;为了解决随同经商而来的子弟教育问题,江西、山西、浙江、广东、安徽、山东会馆还建了自己的义塾和学校;浙江、山东会馆建有自己的疗养院。

会馆作为商人的社会关系组织载体及活动公共空间,主要分布在城市的商业中心,建在三岔口一带。如闽粤会馆、江西会馆、山西会馆(两家)、济宁会馆等都在城外的商业中心。从这些会馆的数量、规模和分布，可以看出当时天津城市的居民主要为商人，他们来自全国各地，《津门杂记》中曾记载，天津“无沃壤腴田，民多以贾趋利，人杂五方，俗尚奢华”①。商人主要生活、居住在城外的三岔口地区，也是会馆集中建设和分布的区域。天津会馆的兴建、规模和分布，反映了在津商人的来源、规模、生活区域以及经济实力。

本章小结

天津位于河海之冲，畿辅门户，拥有优越的地理位置。天津城市的出现和成长与海河关系密切，如果没有海河水系的流经，就没有漕运，也就不会有明永乐二年天津筑城和清朝天津城市的快速发展。海河水系是明清时期天津城市形成发展并不断壮大的主要驱动因素，赋予了天津形成和发展的自然条件和经济条件。

1404 年天津设卫筑城，开启了天津近代发展的历程，当时天津的城市功能主要是守卫北京、漕运中转、盐业生产商业聚集和贸易流通，城市的建置与其他军事性卫城一样，东西长，南北短，因而被称为“算盘城”。城内以鼓楼为中心，东南西北四条主干道将天津分割成了东北、西北、东南、西南四个区域，形成了北门贵、东门富、南门贫、西门贱的居住空间格局。在城内主要的建筑景观是官署衙门和庙宇。在城垣外北部，南运河从此经过，后来由于北大关的设立，许多船只在此停靠，装卸货物、过关纳税、进行商业贸易，于是在城北沿侯家后至北大关一带的

① （清）光绪，张焘：《津门杂记》（上卷），天津社会科学院图书馆藏，第 35 页。

北门外地区形成了早期商业中心，并出现了估衣街、锅店街、针市街、粮店街、竹竿胡同等专业性商业街道。在城东的天后官为中心的宫南、宫北大街则形成了祭祀和庙会商业中心。

明代中期以后，随着贯穿南北的京杭大运河的开通和漕运的发展，商业贸易日趋繁荣，天津逐渐成为中国北方的商品集散地。“擅盐、漕之利”是天津城市迅速发展的原因所在，而伴随北方商业中心地位日渐凸显天津城市的军事色彩逐渐褪去，城市的行政建制不断提升，先是改卫为州，不久改设天津府。同时，天津城市商业的发展促进了城市空间的扩展，城市的空间范围开始沿南运河和海河进一步拓展，但这一时期，天津城市的传统政治中心和商业中心仍然是连为一体的，主要集中在北门外和北门内卫城的北部地区，是传统的单核城市。

天津作为中国北方新兴的商业文化中心，商业繁盛，吸引了各类人口来津发展谋生，特别是各地商贾开始向天津汇集，他们在天津经商定居，天津的居民构成开始发生变化，由迁移而来的军士为主到以商业人员为城市居民的主体，居民构成类型更加多样化。北门外、东门外等商业、经济中心产生并汇集了大量铺商。由于在来津商人中外来人口特别是南方籍贯者占有相当大的比重，他们为了维护自身的利益，以地域和乡谊为纽带结成了不同的商帮，创建了许多会馆，这构成了独特的商人活动空间，并逐渐发展成天津城市街道中比较有代表性的街道历史文化景观。

第二章 19世纪中晚期租界文化的出现

从1860年英法租界划定到1895年中日甲午战争、1900年八国联军侵华战争，德、日、俄、意、比、奥等国相继在天津设立租界，天津逐渐出现租界并立的局面，租界区面积是老城区面积的数倍。在租界勘定后，租界区内的生活环境不断改善，侨民和大量寓公进入租界，租界也逐渐成为发展较快的商业和经济中心。租界既是西方列强殖民掠夺的基地，也是展示近代西方文明的橱窗，在客观上促进了近代文明在天津的传播，带动了天津河北新区建设，同时也在一定程度上加速了天津老城厢地区的没落，使天津的城市空间结构和城市性质功能发生了改变。

第一节 租界区的形成和空间文化

租界，是指两个国家议订租地或租界章程后，在其中一国的领土上为拥有行政自治权和治外法权的另一国设立的合法的外国人居住地[①]。这就意味着,租界拥有独立的行政自治权和治外法权,拥有独立的市政管理机构,可以规划、建设与管理城市基础设施,设置及收缴捐税、独立管理社会治安、开设与管理、规范医疗机构,开设、监管与引导各级各类学堂馆舍、守备防护租界辖区范围属地等。租界是完全独立于近代中国行政系统和法例制度之外的殖民制度,是“国中之国”。

1860 年天津被辟为通商口岸后,英、法、美、德、日、俄、意、比、奥九国先后依据不平等条约分别在天津设立了租界。为了交通便利,各租界均沿海河设立,英、法、美、德、日租界在海河西岸,其余在海河东岸,以海河为轴心呈放射条状向两岸延展。

一、英、法租界的建立和扩展

清咸丰十年(1860 年),中英双方签订《北京条约》,《北京条约》明确规定,在条约签订画押之日,清政府就允许天津作为通商口岸,英国人可以到此居住并进行贸易,一切和已经批准开埠通商的口岸和城市没有区别。从此天津被开辟为通商口岸,划定租界区,从 1860 年到 20 世纪初,在天津先后划定了英、法、美、德、日、俄、比、意、奥九国租界,如图 2-1 所示。

(一)英、法租界的划定

1. 英租界的划定

在西方列强军舰、枪炮的进攻下,天津被迫对外开放,西方列强在

① 徐家宁:《晚清天津租界纪事》,中国人民政治协商会议天津市委员会文史资料委员会编,天津文史资料选辑 68 辑,天津人民出版社 1995 年版,第 8 页。

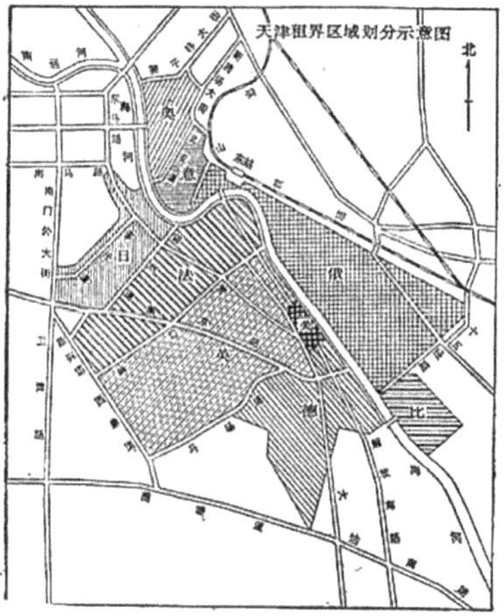

图 2-1　天津九国租界区域示意图

图片来源：天津市政协文史资料研究委员会编：《天津租界》，天津人民出版社 1986 年版，第 2 页。

天津取得了居住经商的权利。《北京条约》签订后，英法两国仍有 7000 余人的军队驻扎在天津海河两岸。凭借占领者的武力威慑，英国通事巴夏礼，于十月十二日，在津城东南相距五六里之紫竹林起至下园止，勘丈空地长三百一十丈、宽七十丈，预备明年来津盖造房屋之用[1]。12 月 6 日正式向恭亲王奕䜣递交照会，还未等清政府答复，英国皇家工兵上尉戈登便和一名法国工兵上尉自行划定天津城南紫竹林一带为英国的租界。不久英国首任驻津领事孟甘又将所划定的土地重新丈量，面积为 489.025 亩，这是英国最早勘定的租界。

2. 法租界的划定

当英国人为划定租界而奔走的时候，法国还没有派驻领事，但非常关注天津租界区的划分。在戈登划定英租界时，法国工兵军官也进参与其中。据天津知府石赞清禀报总理衙门，英国所划定的地界“自用地 7 成，分给法国地 3 成”。只是英国人在选址时，为自己选择了河岸较直、原有居民较少的一块土地，而将河岸曲折、住户较多的一块留给了

① 天津档案馆：《天津租界档案选编》，天津人民出版社 1992 年版，第 5 页。

自己的盟友。后来法国参赞哥士耆到天津重新勘定了租地界址,划定了租界。由于英租界在先,清政府只得同意了法国在天津设立租界。

(二)英、法租界的扩张

1. 英租界的三次扩张

英国租界在原定租界划定后,先后经过了三次扩界,使英租界的面积由原来 489 亩扩张到 6178 亩,面积扩大了 12.6 倍,成为天津各国租界中面积最大的。1894 年中日甲午战争之后,德、日两国相继要求开辟租界,向清政府提出在天津划设本国租界要求。中英双方于 1897 年签订了《新议英拓租界章程》,使英租界向西南方向扩展了 1630 亩。1902 年英、美两国通过私相授受,将美国租界并入英租界,称之为"南扩界"。1903 年 1 月 13 日,土墙外所划定的预备租界被明确为英租界墙外推广界,至此英国租界的面积已有 6178 亩,成为各国租界面积中最大的租界区[①]。在《天津租界及特区》一书中记载了英国建设与租界扩展的过程。

> 英国租界,位于天津各租界之中,东南与特别第一区毗连,西南临堤防,西北毗连法国租界,东北临海河。面积计六千三百二十九亩。成立于清咸丰十年(西历一八六〇年)。自初定约迄今,已经三次之推广,为天津成立最早范围最广之租界。每年缴纳地税于中国政府,每亩铜币一千五百文,其地段共由有下列四部合成。

---

① 对英租界的面积各个史料的记载不同,有 6073 亩、6149 亩、6170 亩、6202 亩、6329 亩等不同说法。

(甲)原定租界地系清咸丰十年(西历一八六〇年)订约成立。

(乙)推广租界系清光绪二十三年(西历一八九七年三月三十一日)由天津海关道公布划租与英人。

(丙)美国旧租界地,美国租界成立于清咸丰十一年(西历一八六一年),旋即退回,至清光绪二十八年(西历一九零二年十月二十三日),由天津海关道公布,划交英人管理。

(丁)墙外租界地系清光绪二十九年(西历一九〇三年一月十四日),由天津海关道公布,划交英人管理。[①]

2. 法租界的两次扩张

天津法国租界划定之后,租界当局也一直谋求租界的扩张。法国驻军还强行占领了东郊辛庄东局子原北洋机械局一带,将其建设为兵营,这一地区也成了租界外的租界。1902年,法国驻津领事罗图阁曾向天津海关道唐绍仪提出扩大租界的要求,意将海光寺墙子河至八里台,沿河至佟楼,约4000亩土地纳入法租界,唐绍仪没有同意。于是,"天津法租界工部局在彼此争论之地段内,实行建筑公益之工程(如马路垫土等)"[②],指使天主教会在老西开大量购买土地建造教堂、医院学校等,但遭到民众的反对。迫于压力,法国暂时有所收敛。但几年后,法国还是占领了老西开地区,公开设立了法租界工部局分局,管理老西开地区,丈量土地,检验地契。1931年后,许多商店、住户为求得安全,保全私利,免受日本便衣队的骚乱,愿意向法租界公议局捐物处交纳地

① 南开大学政治学会著:《天津租界及特区》,商务印书馆1926年版,第3页。
② 天津档案馆:《天津租界档案选编》,天津人民出版社1992年版,第111页。

税，使法租界的范围进一步扩大。

二、德、日租界的设立和扩张

日本在明治维新后迅速强大起来，侵占中国和朝鲜是日本处心积虑的战略决策。在1894年，日本悍然发动了中日甲午战争，清政府被迫签订了丧权辱国的《马关条约》，激起了各国列强瓜分中国的欲望。德、日租界就是在这种背景下设立和扩张的。

（一）德、日租界的设立

中日甲午战争后，德国以"干涉还辽"有功，大肆向清政府索取特权。光绪二十一年（1895年），德国驻华公使绅珂正式向清总理衙门提出在天津、汉口划定租界的权利。清政府为表达感激之情，很快同意了德国的要求。1895年10月30日，签订了《德国租界设立合同》，同意德国在天津设立租界。

日租界的设立过程比较复杂，中、日进行了反复交涉，耗时长达一年之久。1896年10月19日在北京签订《公立文凭》确定了日本在天津设立租界，后来的《另立文凭》则进一步规定，将"溜米厂至朝鲜公馆南墙路外沿一直线，西接日本现定之界，作为日本预留租界"[①]。

（二）德、日租界的扩张

光绪二十六年（1900年）八国联军入侵天津期间，联军司令官、德国人瓦德西一度设司令部于德租界梁家园北洋西学学堂校舍内，并在

① 天津档案馆：《天津租界档案选编》，天津人民出版社1992年版，第193页。

德租界及其附近三义庄、桃园村一带扎营、放马存储军械等，德国由此趁机霸占了三义庄、桃园村一带，随之将这一带地区纳入德租界范围，称之为“新界”①。1901年，德国驻津领事秦莫漫与天津河间道张莲芬等签订了《德国推广租界合同》，该合同明确约定了德国租界的具体范围。

日本租界范围划定后，不断向周边地区蚕食扩张，先是将预备租界纳入正式管辖范围，后又通过与法国领事私相授受，将划定租界南侧与法租界相毗邻的一段沼泽地(89亩)并入其租界。光绪二十八年(1902年)日本又擅自扩张，将今北安桥附近沿海河岸至闸口，向西拐至东南城角，再从南门向南直至海光寺，即今南市地区约2500亩土地划为扩张租界，强迫清政府认可。1903年中日签订了《天津日本租界推广条约》，扩张的土地约400亩。日本租界整体上位于天津城东南紫竹林租界的西北地区，其与英、法、美、德租界一样，都位于海河的西岸，具有濒临海河的航运优势。日租界是外国列强划定的租界中最靠近中国政府管辖区域的。

三、其他国家租界区的设立

1900年八国联军入侵天津后，尚未在天津建立租界的俄、意、奥、比等国争先恐后霸占土地，划定租界。俄、意、奥三国要求将各自军队占领的地区强行划定为各自的租界，根本没有出兵的比利时也趁火打劫，强占租界。

① 天津市地方志编修委员会编著:《天津通志·附志·租界》，天津社会科学院出版社1996年版，第51页。

（一）俄国租界的设立

1900年八国联军侵占天津后，俄国趁机占领了火车站和周围海河沿岸的大片土地，并以所谓的“征服的权利”为借口，提出将俄军占领的地区划定为其租界。1900年11月，俄国开始自行划定租界，并通告各国领事团由于“俄国军队在海河对岸车站附近抵抗了义和团与清军的攻击，保卫了外国租界。这使俄国人的生命蒙受损失，因此俄国政府保留对以下地区的绝对主权，即海河的对岸一端自天津东站开始（包括天津车站在内），另一端到世昌洋行煤油堆栈沿河而下两英里左右一片地带。”[①]在12月31日，俄国公使格尔思与议和大臣李鸿章达成协议，俄国宣称“兹因天津俄国贸易日见兴旺，俄国必得租地一段，以便俄国商民居住、设立行栈[②]。”李鸿章当即答应了俄国的要求，在给清廷的奏折中说，“俄国尚无租界，拟求河东地一段，以为通商市场。臣查各国在天津皆有租界，俄国独无，伦理本觉偏枯。现东三省商议交还，事机甚切，故姑从所请”[③]。于是，便在1900年11月9日签订了《天津租界条款》，正式划定俄租界。在由中俄联合出示的告示中明确指出：

“照得大俄国现在天津河东地方设立租界以为通商市场，经北洋大臣李奏请允许，于所立界牌以内作为租界。昨经本领事、道会

---

① 天津市历史研究所编：《天津历史资料》第4期，天津市历史研究所1965年版，第88页。

② 天津档案馆：《天津租界档案选编》，天津人民出版社1992年版，第324页。

③ 天津市地方志编修委员会编著：《天津通志·附志·租界》，天津社会科学院出版社1996版，第54—57页。

同查勘，上自药王庙西贺家胡同起，下至围子门外世昌洋行煤油栈止，南至海河，北至铁路内，除开平矿务局及铁路车站原有之地及沿河码头仍留自用外，此外尽归俄国租用。”①

(二)意租界的设立

效仿俄国租界的设立，意大利也以“战争的权利”为借口，要求在天津设立专管租界。1900 年 12 月 1 日，意大利驻华公使萨尔瓦葛向北京公使团发出通告称意国有设立租界之必要。随后，意大利公使便命令军队占领海河北岸、俄军占领区以西的一片土地，作为预备租界。

意军占领区在当时已是人口稠密的居民区，“李鸿章为盐坨地不可迁移意租界应另择地事札饬莲张芬、钱鑅”中提到，“当以意国所商地段有盐坨一百余条，并坟墓万家、住户万家，碍难租给，批饬商令别觅妥协地方，另行勘议在案，候行该道等查照禀情，随时坚阻，以保商业”②。后来因都统衙门的干预和允许，意国在该地区强行开工建设，迫于列强的威吓，清政府只得退让，签订了《天津意国租界章程合同》。

(三)比租界的设立

1900 年八国联军侵华时，比利时并未派兵参战，但也趁火打劫，追随各国列强要求设立比租界。在俄国宣布开辟天津俄租界的第三天，比利时驻天津领事梅禄德就向列强驻津领事团宣布，奉比国驻京公使

① 天津档案馆:《天津租界档案选编》，天津人民出版社 1992 年版，第 329 页。
② 天津档案馆:《天津租界档案选编》，天津人民出版社 1992 年版，第 391 页。

训令,已于当天占领了海河东岸俄占领区下方1公里长的地区[①]。1902年2月6日,清政府代表与比驻津领事签订了《天津比国租界合同》。

(四)奥租界的设立

1901年5月26日,准奥国驻京大臣齐照称,"奥国亦同他国,将去冬暂管地段作为租界,设立领事官"[②]。1902年12月27日,经天津海关道唐绍仪与奥国驻津副公使贝瑙尔议定,划定了奥租界范围,签订了《奥租界设立合同》,规定"中奥两国因交涉通商日见兴旺。中国将天津北河左岸地一段,永让与奥国为租界"[③]。

四、租界的空间范围及对空间文化的影响

《北京条约》签订后,天津开始开埠通商,英、法、美等九国开始在天津设立租界,租界的面积达到了23350.5亩,城区面积急剧扩大,并呈开放式向外扩张,整个城市空间布局呈现"拼盘式"的城市空间格局。

1860年鸦片战争之后,英、法、美三国首先在海河上游紫竹林地区一带设立了租界。甲午中日战争之后,德、日两国紧邻英、法租界也在海河的西岸划定了专管租界,海河上游的西岸划分已尽。于是,八国联军入侵中国以后,俄、意、比、奥四国相继在海河以东的地区划定了租界,城市空间开始向海河上游以东的地区扩张。到1902年九国租界形成时,天津地区沿海河两岸东西向跨海河纵深3～4公里,南北长达5

① 费成康:《中国租界史》,上海社会科学院出版社1991年版,第46页。

② 天津档案馆:《天津租界档案选编》,天津人民出版社1992年版,第432页。

③ 天津档案馆:《天津租界档案选编》,天津人民出版社1992年版,第436页。

公里，用地规模达15.57平方公里，面积相当于老城区面积的10倍[①]。城市空间也由三岔口地区东西向扩张，演变为以海河为轴线的西北、东南向扩张。

开埠之前，天津城市选址、成长与发展都与天津河流水系分布紧密相关，城市空间布局与天津漕运转运站的功能密切相关，城市发展较为稳定。如果没有社会变革的发生，城市的空间结构不会发生大的改变[②]。鸦片战争、甲午中日战争、八国联军侵华战争等一系列战争的爆发，直接导致了天津的开埠通商和九国租界的划分，也开启了天津近代化的进程，引起了天津城市空间的演变。

第二节　租界区地理文化环境的改变

1845年，上海道台宫慕久与英国上海领事巴福尔签订的《上海土地章程》最早确定了租界的永租性质和外国人在租界内行使独立建设和管理的权限。仿照上海租界，天津租界也都采取了立契永租的方式，各帝国主义国家在其专属租界内行驶独立的规划、建设和管理权限。这种制度的确立，从根本上说是为了维护帝国主义国家掠夺天津的永久权力和利益，同时也将西方先进的资本主义文明传入天津，给天津带来了先进的城市规划和发展模式，使天津城市空间面貌发生了改变。

① 谢广靖：《天津城市空间形态演变回顾、问题与对策》，《城市时代协同规划：2013年中国城市规划年会论文集》，2013年11月，第103页。

② 刘海岩：《租界、社会变革与近代天津城市空间的演变》，《天津师范大学学报（社会科学版）》2006年第3期，第36—41页。

一、租界区划定初期的地理环境

各国租界建设之初,除奥租界原是旧城区,人口较为密集外,其余的地区大多是沼泽荒地,甚至是一片汪洋的大水坑。相对于地理环境,英、法、美等各国列强更看重的是地理位置,特别是便利的交通运输优势。海河上游水深、河面宽广,具备建设港口的便利条件,所以各国列强都要求沿海河划定租界。

(一)紫竹林租界划定时的状况

紫竹林租界刚刚划定时还比较荒芜,属于尚未开发的农村,到处是一些泥泞的沼泽,界内只有一些帆船码头、小菜园及茅屋散落分布着,破烂不堪的茅屋之间被一道道狭窄的沟渠隔开,沟渠两边是荒芜的、无人管理的小道。在雨季,步行的人们很容易陷在泥泞里或者跌倒在水洼里,让行人无法通行。正是由于这一带地势低洼,填筑需费甚巨,海河又水浅湾多,易于淤塞,故而不少英人认为,未在濒临不冻港湾、又不需填筑的秦皇岛开商埠、辟租界,而在天津兴建租界是双重失策。①

法国租界从前是一片环境简陋、发展滞后地区,"到处是水坑、白菜园、贮存水果和蔬菜的暖窖,而且那儿的人也是一些暴徒、罪犯之流"②。直到20世纪最初的10年,这一带还是未被开辟的荒地,偶尔有几所中国人的房屋。美租界虽然划定的时间比较早,但一直处于无人管理状态。

---

① 吴蔼宸:《华北国际五大问题》,商务印书馆1929年版,第6页。

② [英]雷穆森著,许逸凡、赵地译:《天津租界史(插图本)》,天津人民出版社2009年版,第41页。

(二)其他租界划定时的环境状况

意大利租界“当 1901 年租让给意大利政府时，这个占地 700 亩的租界地还是一个破烂不堪的中国村庄，四周全是浅的臭水坑、空地和垃圾堆……该租界的地平面平均比天津任何租界都低，在某些地方甚至比目前该租界的地面低 20 英尺。”[①]与相邻的意租界一样，俄租界也建在大王庄和大直沽低洼的沼泽地上，因而也遭遇到类似的困难。地面必须用河泥垫高，道路和整个地区需要重新勘测和系统规划。德国租界开辟之初，租界内同样人烟稀少、地势低洼、遍布水坑。

同样，日租界开辟初期，日本侨民寥寥无几，直到 1900 年以后，来津的日侨才逐渐增多。当时日租界多为沼泽洼地，1902 年日本总领事馆责成东京建物株式会社承办填土垫地、筑路及建房等工程。在《天津租界史》中则提到，十年以前，日租界西部地区与相邻的法租界类似地区处于同样的状况，甚至更为糟糕，因为该地区大部分土地还被浸泡在水中。1916 年绘制的日本租界地图也反映了当时日租界的状况，在旭街以西的区域，有大片深蓝色的水域。比、奥租界地势较高，较为有利，存在时间较短，故不再做详细论述。

二、西方城市空间规划建设文化的引入

租界实际掌控使用者在租界初期的城区规划、建设及整体空间布局时，充分引入了西方较为先进的城市城区空间规划建设理念和建设

---

① [英]雷穆森著，许逸凡、赵地译：《天津租界史(插图本)》，天津人民出版社 2009 年版，第 305 页。

方式,客观上使租界区成为中国近代史上较早引入发达国家先进规划建设理念的地区。西方相对先进的城市空间规划和建设发展模式的引进,改变了天津原有的城市空间形态,成为展示欧洲先进城市规划和建设理念的窗口。

(一)西方城市空间规划的引入

英租界是最早进行城市规划的,在英租界刚划定时,英国皇家工兵上尉戈登就对英租界区做了粗略规划,初步设计了英租界内的道路、街区、河坝,并对土地进行了分段分号,这是天津近代城市规划的起点。戈登的规划具有英国及其殖民地规划的特点,采用了几何道路网络和窄深地块划分方式,并注重土地租售的商业利益和开发利用[①]。

柏龄庚在英工部局担任了近20年的土木工程师,在1890年至1909年任职期间主导了英租界的规划管理,制定了英扩充界规划和推广界规划草案,其中对路网规划在顺延戈登规划的基础上进行调整,"明显偏向老城、倾向中国式正南北格局"[②]。推广界的规划则是由英国著名建筑师安德森制定的,其借鉴了田园城市、花园郊区等先进规划理念,提出将推广界(今五大道)一带建成高等住宅区,将黄家花园一代建成商业区,将今河北路与成都道交口处建成交通枢纽的规划构想。整体上把租界辖区空间范围内的土地使用分为三等,一等区专门用来建造住宅区建筑,二等区规划以住宅建筑为主,租界准许建造铺面及商

---

① [英]雷穆森著,许逸凡、赵地译:《天津租界史(插图本)》,天津人民出版社2009年版,第35页。

② 陈国栋等:《英租界殖民路径与九国租界竞争性拼贴——以天津英租界(1860-1943)规划为重点》,《城市规划学刊》2017年第2期,第109页。

业建筑，三等区则以铺面建筑为主。每个区建筑密度、建筑高度、建筑间距、空地等都有具体规定（见图 2-2）。

最初由领事馆统一管理并负责开发建设，后来随着侨民的增加，租界内社会事务的增多，建立了专门的建设管理机构，负责规划、审批租界内一切土木工程建设蓝图和检验工程质量。“各租界既相继成立，同时亦即取得治理之权，其一切事务，如警察，财政，教育，慈善事业，公共设备以及公益事务等，自必分设机关以处理之”[1]。英、德、俄、意、奥、比租界先后成立了董事会，在董事会下设立工部局（意租界后改称市政局）。法租界也成立了董事会下设公议局。

图 2-2　英租界规划图

图片来源：据《英租界总图》改绘，原图来源：天津市城市规划志编纂委员会编著：《天津城市规划志》，天津科学技术出版社 1994 年版，第 45 页。

20 世纪初开辟的租界除奥租界、比租界外，都进行了建设规划。其建设规划基本上都是参考或对照英租界路网和市政基础设施空间布局的建设规划，划分建设地段，接着填垫地基。各国规划的详细、全面程度有所不同，规划的实施程度也不一样。德国租界虽然制定了租界规划，但租界当局在街道修筑上吝于投资，除一条主要街道——威廉街（今解放南路）外，大部分地区仍然保持旧貌，尤其是 1900 年以后扩张

① 南开大学政治学会：《天津租界及特区》，商务印书馆 1926 年版，第 12 页。

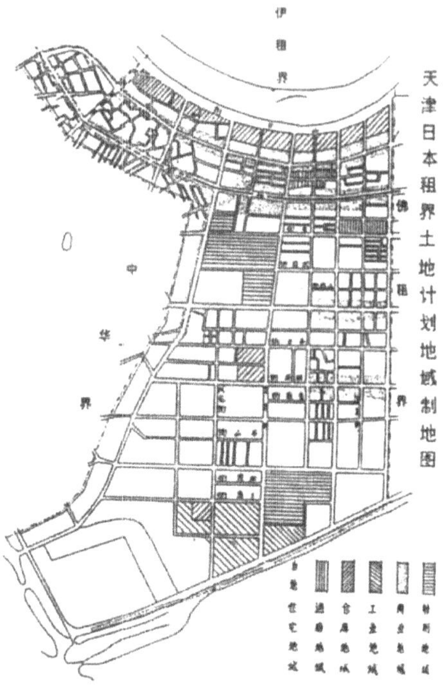

图 2-3　天津日本租界土地规划地域制地图

图片来源：天津市地方志编修委员会办公室、天津市规划局编：《天津通志 · 规划志》，天津科学技术出版社 2009 年版，第 78 页。

的新界一带，依然是旧巷陋屋的贫民聚集区。

日租界进行了良好规划并实施建设。20 世纪 20 年代日租界当局就绘制了详细的规划设计，如从图 2-3 可以看出，按照功能主义原则，日租界对界内的土地进行了明确的功能区划分，划定了商业用地、工业用地、仓库用地、特别用地以及住宅用地，而且在建设过程中也采用了分区编号、分期建设的方式。这也从侧面反映出日租界很早就有了租界规划的理念和实践。

表 2-1：天津租界规划活动及文件总结和反映了各国租界关于租界规划和建设的规章制度情况，从中我们可以看出在天津开辟的九国租界中，英、法、日租界当局较重视租界的规划建设，制定了较为详细的租界建设规则和章程，从而为租界规划建设提供了法规和制度保障。通过表格可以看出，英租界是最早进行租界规划和租界规章制度建设的，同时也是规划最为详细的租界，它所制定的租界建设规划、建设规则最多

英、日两国租界建设规划规则的内容和侧重点也不一样，英国租界侧重路网建设、土地租赁管理；日租界侧重土地功能分化管理与利用。

表 2-1　天津租界规划活动及文件

时间（年）	规划活动或文件	人物或机构	主要内容	备注
1861	英租界初步规划	戈登	勘测地形、规划道路、划分地块，将其编号以便租售	天津第一个规划文件
1863	《英租界规划》	署理总领事布逊	英租界土地租赁、管理规定	
1887	《英租界现行规划》		英租界土地租赁、管理规定	原有规划及补充章程废除
1902	日租界土地开发工程	东京建物株式会社	修筑海河护岸，垫平土地，建造房屋	
1918	《土亩章程》	英租界	对英租界进行整合，对墙外租界进行开发	
1920	《天津日本租界土地计划地域制地图》	日租界	功能分区：商业、工业、仓库、特别地区和住宅区	
1925	《营造条例》	英租界		
1927	《推广界图》《总水管图》	英租界工部局		英租界工部局董事会1927年年报

续表

时间（年）	规划活动或文件	人物或机构	主要内容	备注
1927	《推广界分区条例》	英租界	用地分为一、二、三等，对建筑、密度、空地做出规划	
1931	《法租界市政管理组织大纲》	法租界		
1931	《法租界市政管理局内部组织规则》	法租界		
1936	《租界开发委员会章程》	日租界		

资料来源：李百浩、吕婧：《天津近代城市规划历史研究（1860—1949）》，《城市规划学刊》2005年第5期，第76—77页。

（二）填土垫高、土地开发与疏浚海河

1. 租界的填土垫高与土地开发

由于租界所处的地理位置多为地势低洼的坑塘[①]，于是，购土垫高地基成为租界开发建设的前提。租界建设早期一般采用就近购土的方式来填充租界的水坑或洼地，各个租界制定了不同的填平规定，采取了不同的填平垫高措施。在英推广界明确规定界内的水坑洼地先由水坑或洼地所有者自行填平，无力填满者则出资由工程局代为填平。《新议英拓租界章程》中明确规定：所有水坑为华人产业者，务须一律填满。日租界采取了委托公司统一填平开发的方式。

① ［英］雷穆森著，许逸凡、赵地译：《天津租界史（插图本）》，天津人民出版社2009年版，第50页。

后来，租界当局结合疏浚海河工程，采取“吹泥填土”方式将租界内的大片低洼地填平垫高，成为可开发建设用地。特别是第一次世界大战前后，随着大量官僚、军阀和遗老进入天津租界购地建房，催生了垫土生意，产生了专门的垫土公司，如军阀鲍贵卿 1914 年成立了垫土公司，对炮台庄一带的洼地进行了填土和出售。据统计，租界垫地泥沙累计至少在 1500 万立方米以上。如英租界平均垫高 1.4 米，德租界平均垫高 2.6 米，意租界平均垫高 2 米，法、日租界也平均垫高 1 至 2 米[①]。

2. 海河疏浚工程

租界填垫洼地与海河的疏浚工程紧密相连。海河河道弯度较大，阻碍了水流的冲刷，上流带来的泥沙严重堵塞了河道。在 1896—1897 年前后，海河出现了最为严重的河道淤堵，在一些地方，水深不过1.5～1.8 米；有的码头附近，水深也只有 2.13 米左右[②]。由于海河河道的淤塞，通航能力大大降低，对口岸贸易造成越来越大的威胁，直接证据就是 1898 年出现了前所未有的状况——由于河床太浅，以致全年之内没有一艘轮船能够开到河坝。货物的运输只能用吃水浅的驳船拖来拖去，对天津的航运和对外贸易带来不利影响。

1901 年，中国官方和各国租界代表联合成立了国际管理海河委员会：海河工程局，对海河进行治理。一是在海河上建造了陈家沟水闸、军粮城水闸和西沽水闸三座水闸，改善航运增加了蓄水量。三座水闸在义和团运动中遭到破坏，后经清政府赔偿银两，海河工程局相继修复；二是对海河河道截弯取直。海河属于蜿蜒型河道，有数十个河湾，

---

① 《列强在中国的租界》编辑委员会编：《列强在中国的租界》，中国文史出版社 1992 年版，第 135 页。

② 赵津：《中国城市房地产业史论 1840—1949》，南开大学出版社 1994 年版，第 110 页。

比较著名的有泥托湾、鬼托湾、翟庄湾、双港湾等[①]。其实早在1858年,外国轮船首次驶入海河时就发现海河河道错综复杂,急湾一个接一个,轮船在海河中行驶容易撞击河岸而导致失控。为此,海河工程局在1901年至1923年期间,主持了5次海河截弯取直工程,从而出现了1924年的创纪录航运年,有1502艘船只到达天津口岸[②]。

结合海河的疏浚工程,挖出的淤泥被用来填平租界区的低洼地带,其中以英租界最为出色。为填平这些低洼地带英租界采取了围埝筑池的方法。海河工程局用戽斗式挖泥船从海河挖掘出河泥,这些来自海河中的淤泥埋在原定租界道路下面的长长管道,然后用水泵抽送到需要填垫的地区,从管道中注入池内。淤泥在池内沉淀,水分经过蒸发、渗透而消失。

从表2-2可以看出,从1906年到1937年期间,海河淤泥用于吹填洼地量达到11,153,386立方米,构成了填平垫高租界区的主要泥土来源,为租界区的道路修建、房地产开发奠定了基础。其中用海河淤泥吹填洼地最早的是英租界,改造最为成功的也是英租界。

表2-2 1900—1937年海河干流疏浚土方及用于吹填洼地情况统计表

年别(年)	地点	吹填量(立方米)
1906	英租界洼淀(实验抛淤)	39644
1907	英、法租界洼淀	31149

① 王长松:《民国时期海河放淤工程及其环境效应研究》,《中国历史地理论丛》2014年第3期,第27页。

② [英]雷穆森著,许逸凡、赵地译:《天津租界史(插图本)》,天津人民出版社2009年版,第209页。

续表

年别(年)	地点	吹填量(立方米)
1908	英、法租界洼淀	56634
1909	英、法租界洼淀	36198
1910	法租界、德租界	109264
1911	法、德租界	172694
1912	法、德租界	152586
1913	英、法、德租界	257022
1914	法、德租界及新河	283949
1915	法、德、日租界	458985
1916	法、德、日租界	856887
1917	德、英租界	326812
1918	日租界	58531
1919	英、日租界	690892
1920	英、日租界	560747
1921	英租界、南市洼	478379
1922	英租界、南市洼	590222
1923	南市洼	439392
1924	英租界墙子外	483612
1925	英租界墙子外	244885
1926	英租界、塘沽开滦码头	451698
1927	英租界墙子外	591825
1928	英租界及塘沽开滦码头	396438
1929	英租界及塘沽开滦码头	332405
1930	英租界及塘沽亚细亚石油公司	305116
1931	英租界及塘沽亚细亚石油公司	382186
1932	英租界及陈塘庄亚细亚石油公司	431282

续表

年别(年)	地点	吹填量(立方米)
1933	英租界及陈塘庄亚细亚石油公司	249190
1934	英租界、陈塘庄、何庄子	296238
1935	特一区崇德堂洼地、陈唐庄	511065
1936	特一区崇德堂洼地、法租界、陈塘庄	572910
1937	特一区崇德堂洼地、法租界	304549
合计		11153386

资料来源：张树明：《天津土地开发历史图说》，天津人民出版社 1998 年，第 88—89 页。

(三)道路和其他市政设施建设

1. 道路的修建

经过元、明、清几个朝代的发展，天津地区形成了数条通往外省的官方驿道，成为当时陆路交通的主要干线。但天津城内和周边地区多是一些小路和细道，而且都是土路，一到下雨天，地面便泥泞不堪，步行艰难。

鉴于天津原有道路出行不便的实际状况，各国租界在划定初，就对租界内道路修建做出了规划和前瞻设计，并明确规定了道路管理和维护的规则章程。以英租界为例，早在戈登对英租界最初的勘测和规划中，就采取了以方格路网划分地块的方式，将道路和地块进行编号，并拟在主要道路中街两侧布置建设行政官署、金融贸易及各国领事机构。后来，英租界还专门成立了道路委员会，在资金充足、运营管理良好的情况下，曾经的深沟大洞、充满淤泥和垃圾的水坑以及原有的土路被垫平、取直、修筑、拓宽，并在道路两旁安设了路灯，种植了树木，大大方便了行人和车辆出行。

1887年，英租界率先修筑了第一条渣石路，后来修建的马路普遍为三十四尺宽，加上每边各留便道八尺共五十尺宽，均为柏油道。道路两旁种植树木，设置路灯，在地下增加了排水管道。道路的修建不仅方便了人们出行，美化了环境，界定了英租界的街区分化和城区空间格局，为租借地的建设和房地产开发奠定了基础。主干道两边渐渐成为租界金融、商业聚集区和人口密集区。

中街一带，为高等商业荟萃之区。盖天津市场之重心也，收入既富，市政进行，斐然可观。码头已次第筑齐，桅樯林立；百货上下极便。墙子河以东所有马路均已铺臭油面，吾人行经其间，骤觉碧槐夹道，风不扬尘。辄联想及南市、北关在华界所谓繁盛之区，晴时灰舞，雨后泥泞之苦，吾不若人，即此可见[①]。

道路规划和建设先行是天津各国租界建设的一个特点，英、法、日、德、意、俄等国都非常重视租界道路网络的规划修建。《法国租界条款》中明确规定："法国商人愿租之地办妥后，所定界墙外，前面去河沿应留地三丈，后面留地二丈五尺，以为公共道路，不得稍有逾越。"法租界明确规定工务处要"负责管理土地，分区公产……对于街道公园之清洁，路旁树木之修整等，并应特别注意，以壮观瞻"[②]。

1887年，英租界率先修筑了第一条渣石路；1914年，意租界内首先修筑了第一条沥青路。20世纪20年代以后，各国租界争相铺设沥青路。在主干道两边增设人行道，种植树木，设置路灯，在地下增加排水管道，完善道路设施。其中英租界以中街为中心修建了海大道、伦敦路

① 许寿祖：《天津英租界市政概况（附图）》，《河海周报》1926年第14卷第13期，第3页。

② 天津档案馆：《天津租界档案选编》，天津人民出版社1992年版，第100、143页。

等74条道路;法租界以现和平路为中心,修建了65条道路;日租界修建了宫岛街等40条道路;意租界也以马可·波罗广场为中心,修建了20条道路[①]。

曾经满处是深沟大洞、充满淤泥和垃圾的水坑、使人感到污浊难行的道路被垫平、取直、铺筑、加宽,并设置了路灯。但具体到每个租界的道路状况则有所不同。每个租界道路密度、道路分割所形成的街区形态及道路宽度等并不相同。海河沿岸日租界的道路布局遵循了日本传统的"井"字道路布局,与日本东京、横滨的道路网络有相似之处,横向道路基本顺应河岸线的走向,纵向道路垂直于河岸,整体形态十分规整[②]。

英租界内的道路明显没有日租界与法租界的结构规整清晰,英租界的道路宽度为6~15米,多数宽度为8~10米。法租界的路网在不同时期呈现不同的特征,早期的路网建设很大程度上是对英租界路网的延续,呈现出方格网所具有的简单明确、导向性强特征。1900年至1919年间路网规划仍为格网布局,但呈现出"巴洛克"特征,多岔路口是法租界路网的标志性特征。

2. 排水电力设施

天津近代城市的建设特点是先地下后地上,先基础设施建设后建房。在土地填垫以后,按规划路网修筑道路和供、排水等市政设施。英租界刚开发时没有修建下水道,街道有许多明沟。所以,手推粪车在英

---

① 尚克强:《九国租界与近代天津》,天津教育出版社2008年版,第81页。

② 宋静:《天津原日租界区的形态演变与空间解析》,天津大学2010年硕士论文,第40页。

租界还是很普遍的[1]。20世纪以后，各租界规划地下排污工程，住宅厕所也装置了冲水设备。20世纪20年代初开始，英租界强制推行下水道计划。“在新开发地区已经部分执行的计划中，还包括一项逐渐加粗的干管系统，从海光寺附近的最远端开始，直径为12英寸，逐渐增加到18英寸、27英寸等，到墙子河的排水出口处时直径已经达到五六英尺”[2]。法租界在1910年就已经铺设了分布较为广泛的排水系统，排污管道直接从租界边缘的墙子河一直铺设到河坝，然后流入海河。下水道管网的设计也很巧妙，墙子河水位高时，河水可以从墙子河流入下水道，及时冲刷下水道内的污物，从而保证了下水道内的卫生。

光绪十四年(1888年)，英租界比利时的世昌洋行在绒毛加工厂安装小型发电机，用于照明，这是天津使用电力的开始。天津最大的发电厂是1906年由比利时商人与中国地方政府合建的，该厂设在河北金家窑。此外英租界、日租界、德租界还建立了一些小型发电厂，供本租界部分地区用电。“天津的多数工厂自备发电设备以解决工厂的动力问题。天津各租界均备有其自设之电灯房，如英工部局电灯部，法国电灯房，日本租界电灯部等；各自发展，不相为谋，而其中容置最大、范围最广者，首推天津电灯电车公司”[3]。

3.城市公共交通设施

“在促进城市发展的诸多因素中，交通尤其是公共交通，是改变城市的主要动力之一。因为它决定着城市的空间结构、人口的流动、市民

① 任云兰：《近代天津租界的公共环境卫生管理初探》，《史林》2013年第5期，第19页。

② [英]雷穆森著，许逸凡、赵地译：《天津租界史(插图本)》，天津人民出版社2009年版，第291页。

③ 《工程周刊》1932年第1卷第5期，第67页。

的生活方式等,交通的状态往往成为城市发展的里程碑。”[1]近代天津,最早的城市公共交通是有轨电车。在光绪三十二年(1906 年)时,袁世凯批准比利时商人在天津开办电车电灯公司,使天津成为我国较早拥有近代公共交通的城市之一。1906 年,以白牌为标志的围城环形有轨电车线路通车,其后又陆续开办了红、黄、蓝、绿、花牌共五条线路,全长共计 23.2 公里。天津电车运营线路开通后,通行区域逐渐覆盖了老城区和奥、意、日、法、俄五国租界。因其覆盖范围广,出行快捷,很快成为连接老城区与租界的主要公共交通工具。“电车是城市中下阶层居民最便利的交通工具……所以坐电车的人,总是非常多的,倘若停驰十分钟,在电车站上候车的人就多得不可开交了”[2]。同时,法租界梨栈由于地处黄、蓝、绿三条电车线路交汇处,交通便利,人流量大,逐渐发展成租界的商业中心。

天津近代汽车的出现,最初是袁世凯为了讨好慈禧太后“呈现皇太后电汽车十七辆,特由外洋购定运至天津招商局”“十五辆漆以红色为诸侍臣乘坐,另漆杏黄色二辆敬备两宫之用”。这种车“每辆可乘六人,皆可远行”[3]。后来,天津汽车逐渐增多,政府还多次提倡发展汽车长途运输公司。“实业振兴,端赖交通,东西各国,莫不皆然……按照地方情形,劝导商民,遵照法定手续,筹办长途汽车运输公司,不但装载货物,搭运行旅,均称便利,即事业前途,亦可同臻发达矣”[4]。

人力车、电车、汽车等城市公共交通工具的出现和发展,为天津市

① 刘海岩:《电车、公共交通与近代天津城市发展》,《史林》2006 年第 3 期,第 20 页。
② 衣岛:《上海周报(上海 1932)》1933 年第 2 卷第 2 期,第 27 页。
③ 《议件联络军气》,《大公报》1903 年 11 月 25 日。
④ 《天津筹备汽车道路之进行》,《河南实业周刊》1924 年第 2 卷第 38 期,第 60—61 页。

民的出行提供了多种交通工具的选择，改变了人们以往传统的出行方式，扩大了人们的出行范围，加速了城市人口和货物的流动，密切了不同城区间的联系，天津的城市交通步入了近代化进程。

4. 公共建筑与其他

英租界是最早开发建设的租界，公用建筑也最为完善。1877 年，英租界当局修建并开放了维多利亚公园。1889 年，英租界投资白银 32000 两，开始修建中国通商口岸的第一座租界当局市政大厦：戈登堂。“在这繁忙的十年间，这个通商口岸有了它的第一个商会、第一份报纸、第一条铁路、第一条碎石马路、第一座公园、第一幢市政大厅以及第一个文学团体”[①]。1884 年出版的《津门杂记》中有这样的描述：

> “居中之地为英租界，东以河为至，西以海大道为至，街道宽平，洋房齐整，路旁树木葱郁成林，行人蚂集蜂屯，货物如山堆垒，车驴轿马，辄夜不休；电线联成蛛网，路灯列若繁星；制甚得法，清雅可观，亦俨如一小沪渎焉”。[②]

外国侨民在选择居住地时，看到英租界人满为患，于是许多新来的外国侨民，选择了在法租界居住。洋务运动期间，清政府建设的北洋水师营务处、电报局、紫竹林新关等都建在了法租界，火车站也在法租界附近，这一切都为法租界的建设发展提供了便利。从 19 世纪 70 年代开始，法国租界内的建设活动开始活跃起来，并建成了天津最早的公园

① ［英］雷穆森著，许逸凡、赵地译：《天津租界史（插图本）》，天津人民出版社 2009 年版，第 54 页。

② （清）张焘：《津门杂记》（下卷），天津社会科学院图书馆藏，第 22 页。

海大道花园。到 20 世纪初，福熙路和杜总领事路交会处已发展成为天津最繁华的商业区，聚集了劝业场大楼、光明社影院、北洋大戏院、中国大戏院等高大建筑，此外这一带还有绸庄、布店 70 多家，鞋帽店 50 多家、饭馆酒楼 50 多家，当时被称为“小巴黎”，成为天津的商业中心①。

> “天津市面繁荣之区，最初为侯家后渐延至估衣街、大胡同，民国十一年后移至南市，十七年后南市减衰而法租界梨栈日见蓬勃，今则由梨栈推至天增里、绿牌电车道马家口、海大道矣。”②

日租界在建设初期就对修建管理机构、俱乐部、图书馆、大和公园、武道馆、神社、寺院等公共建筑做出了详细规划，以便为日本侨民生活提供相应的公共场所和活动空间，塑造良好的生活氛围。这为以后日租界侨民的聚集和中国政客、商人的隐居奠定了基础，促进了日租界的繁荣和发展。

另外，天津邮政、电报和电话的出现，也极大地缩短了地域间的距离，有效增强了不同区域人际间的沟通交往，加速了各类信息的传播。

第三节　租界区人口的汇聚和居民文化构成

租界的出现使近代天津出现了全新的城区空间，租界安全的社会

---

① 张洪祥：《近代中国通商口岸与租界》，天津人民出版社 1993 年版，第 142 页。

② 王韬：《天津市概要》工商业篇，天津百城书局 1934 年版，第 15 页。

环境和空间环境吸引了大量外国侨民和有产者来租界居住和生活，租界内的居民结构也在悄然发生变动，由最初的规模狭小、居民以租界属国侨民为主，到后来逐渐放开了对租界内居民国籍限制。这客观上扩张了租界内的人口规模，引起租界区居民结构进一步分化，丰富和繁荣了租界地区政治、经济、文化和社会生活。

一、租界区居民的聚集

天津租界设立之初，界内的居民很少，最初来津的外籍商人大多在老城区附近购地买房。在1870年天津教案后，这种情况才慢慢发生改变，租界内的侨民逐渐增多。在20世纪以后，由于战争等因素的影响，天津租界内的华人日益增多，华洋杂居、华人为主成为这一时期天津租界区的居民构成特征。

（一）租界建立初期外国侨民的到来

1861年，除去占领军外，天津总计只有13名外侨。随后一些商人和侨民陆续来到天津，但为了避免填筑土地等方面的开支，起初旅津的外籍商人大多不愿入住租界，而是在天津老城区附近租地买房，在较为繁华的天津城内和城外的宫南、宫北大街开设洋行，建立领事馆。

在1860年至1870年间，租界的建设一直在缓慢地进行着。渐渐地，英国租界依照戈登上尉的规划形成了街区，修建了码头，一些地块逐渐排干了积水，垫高了地基。1864年7月，丹麦海军中将比尔在他所著的《中国游行记》中这样写道："虽说天津发展得很快，但是，并没有什么特别值得一看的东西。"他发现，"在宽广的河堤大道的后面，有几条街，而且最显著的建筑物只是颠地货栈洋行。其他一些商人只要把它的土地上钉上界桩,盖一个大货栈、几间暂时居住的小房子,就心满意足了”[①]。天津开埠通商吸引了一些来华的欧美人从南方北上来津,但人数不多,主要是商人、传教士和官员,这些人主要居住和活动在天津人口较密集的老城区。

(二)19 世纪 70 年代到 19 世纪末租界居民数量的逐渐增多

1870 年 6 月,天津教案发生,愤怒的天津民众打死了法国领事丰大业等人,并烧毁了位于天津城东的教堂及法国领事馆。外国侨民开始意识到入住租界安全得多,因而纷纷迁入租界,加速了紫竹林租界的建设开发,租界区的居民数量迅速增加。从图 2-4 可以看出,19 世纪末之前天津租界地的人口增长较为缓慢,但是 1896 年以后,天津租界地的人口迅速增加,呈直线上升趋势。

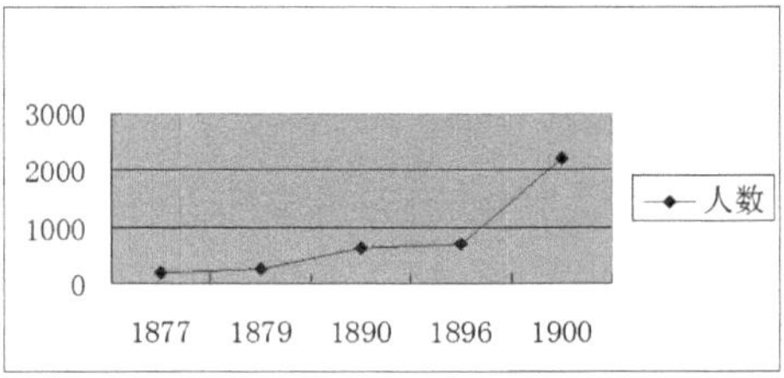

图 2-4　1877 至 1900 年天津租界人口变化

图片来源:自绘,来新夏:《天津的九国租界》,天津古籍出版社 2004 年版,第 47—49 页。

① 乔虹:《天津城市建设志略》,中国科学技术出版社 1994 年版,第 44 页。

人口的增长带来了租界房源紧张，房屋一盖好立刻就会租出去或住上人，很多房屋还远未竣工就有人预定了。这时来津外国侨民的职业也发生了变化，由原来的商人、传教士和官员，扩大为工程师、医生、教授、律师等。

这一时期，由于英租界不允许华人拥有土地，也不准许中国人承租土地建造房屋，所以英租界成为纯外国侨民的居住区。法租界与英租界则不同，在法租界形成了两个相对独立的社区，一个是靠近海河东部地区的外侨社区，一个是法租界西部的华人居住区。这里的华人居民大多数来自南方，尤其广东商人为主。例如：19世纪80年代法租界的轮船客栈就有十余家，以广东人开设者居多，还有山东人开的客栈，专门接待本省来的客商[①]。另外，为外国商人提供服务的买办，也是居住在法租界的主要人群。1875年以后，外商大量涌入天津，洋行数目从1866年的15家骤增到1890年的47家[②]。这些洋行每家都需要买办，通过他们来搭建中西交往、贸易的桥梁，买办成为天津租界第一批华人居民。

（三）20世纪初期以后租界居民数量剧增

1.侨民数量的迅速增加和主要聚集区

进入20世纪，外籍来津侨民迅速增加，他们绝大多数住在了租界。从表2-3可以看出，1906年外侨人数总计为5722人，1926年达到13592人，在1937年更是达到了26437人，是1906年外侨人数的4.6

---

① 尚克强、刘海岩：《天津租界社会研究》，天津人民出版社1996年版，第161页。

② 庞玉洁：《天津开埠初期的洋行与买办》，《天津师范大学学报（哲学社会科学版）》1998年第2期，第7页。

倍。1929 年西方经济危机爆发后,更多的外国人来中国天津寻求发展。其中,日本和俄国侨民增长最快,并成为人数最多的侨民。

表 2-3　20 世纪后天津市区外侨人数统计表

国别/人数/年代	英	美	法	德	俄	日	奥	意	比	总计(包括其他国家侨民)
1906	1652	560	349	965	212	1796	163	25		5722
1921	1290	1818	414	270	1200	5168	26	197	370	10753
1925										134557
1926	2000	2012	605	898	1600	5696	70	145	566	13592
1930										8811
1933	424	343	350	343	2608	6788		76	24	10956
1936	1412	1571	1601	607	125	11159	174	354	373	17376
1937										26437

资料来源:尚克强:《九国租界与近代天津》,天津教育出版社 2008 年版,第 30 页。

天津教案过去半个多世纪后,外侨的居住情况也发生了变化,有些外国侨民选择在租界地以外居住,但绝大部分外国侨民还是居住在租界内,尤其是英租界和日租界侨民最多。由于英租界面积大,地理优势明显,公共基础完善,再加上大的银行、洋行多聚集在此,因此大批外籍商人都选择居住在此。英租界很快成为外侨最为集中的地区。1934 年英租界共有人口 46809 人,来自 38 个国家,其中华人 42824 人,英 1451 人,美 252 人,俄 1448 人,波兰 48 人,拉脱维亚 20 人,德 85 人,比 24 人,法 55 人,荷兰 5 人,意 29 人,罗马尼亚 8 人,葡萄牙 7 人,乌克兰

7人,西班牙4人,加拿大1人,波斯3人,挪威2人等[①]。毫不夸张地说,英租界已成为各国侨民聚集区。

光绪二十八年(1902年)后,日租界开始大规模平整土地和市政工程建设,改变了日租界旧有面貌。随着环境的改变,到日租界的侨民逐渐增多,但仍以日本侨民为主。1906年在天津的日本侨民已经超过在天津的英国侨民,达到1796人,这些日本侨民均居住在日租界。1936年,在津的日本侨民更是达到了11159人。日本侨民的大量增加,与日本的对外扩张性移民政策分不开,日本侨民中不是以商人为主,其移民职业构成较为复杂和多样化,包括多个阶层。

2.租界华人迅速增加和主要来源

(1)华人成为租界居民的主体

最初划定的英法租界是不允许华人居住的,原来散居在紫竹林一带的农民、渔夫等都被租界当局强制迁出。但1897年划定的租界不再要求原有居民迁出,而是准许中国人置地居住,但要遵守租界当局制定的一切章程和法规。20世纪初以来,随着租界内各项设施的逐渐完备,对租界内侨民采取了有效保护措施,吸引了大批外国侨民居住,也吸引了大量华人有产者入住。租界区内人口密度快速增加,从1906年的每平方公里6827人,增加到1930年的15311人。尤其在1937年七七事变前后,受战事的影响,中国居民不断向英租界迁入,以躲避战争。意、奥、俄、比、德各国租界中建设还未完善的区域,也有许多原来居住在这里尚未迁走的居民。

---

① 孙本文:《天津英租界人口统计》,《时事月报》1934年第11卷第1期,第33页。

表 2-4　1906、1911 年各租界华人统计表

	户数		人口	
租界名称	1906 年	1911 年	1906 年	1911 年
日本	1705	1724	8295	7154
法国	432	1114	3685	4153
英国	957	931	4060	3446
德国	860	1247	4113	4841
比利时	371	325	1112	1321
俄国	586	689	2516	2533
意大利	1614	1674	12419	5348
奥地利	2908	2641	25512	14946
合计	9433	10345	61712	43822

据《天津各租界居住人口调查表》《1911 年天津各国租界户口数调查表整合》整理

[日]中国驻屯军司令部编,侯振彤译:《二十世纪初的天津概况》,天津市地方史志编修委员会总编辑室 1986 年版,第 19 页;天津市地方志编修委员会编著:《天津通志・附志・租界》,天津社会科学院出版社 1996 年版,第 379 页。

从表 2-4 可以看出,在清朝末年已有相当数量的华人居住在天津租界内,在 1906 年已经有 9433 户,61712 名华人居住在租界;1911 年有 10345 户,43822 名华人居住租界,他们主要分布在奥、日、意三国,其中奥租界原有华人居民较多。

(2)租界华人的来源

1930 年至 1937 年的 8 年间,租界人口累计增加 50964 人,达到 182032 人,增长 38.8%。华人的大量涌入是导致租界人口迅速增长的主要原因[①]。租界华人来源主要有两个方面,一是天津城内的华人,二

---

① 参见来新夏《天津的九国租界》,天津古籍出版社 2004 年版,第 50 页。

是外省市迁居来津的人员。主要包括来自北京的官僚、军阀、政客、皇族和遗老遗少，还有一些是南方和周边地区来天津经商、谋生或隐居生活者。他们迁居天津大多与战争、动乱和自然灾害有关，特别是第一次直奉战争后，天津的殷实商家和富户纷纷由华界迁往租界，各系军阀、政客与各地地主也多来津住入租界。《益世报》曾报道："我国近数年以来，国内一发生事端，人们即以租界为安乐窝。此次近畿发生战事，一般阔人避居租界者颇多。"[①]"迩来战事勃发，同室操戈阋墙自斗，以致人民涂炭。此次李国两军鏖战术，津埠人士及各村人民，皆恐祸延己身，横遭蹂躏，均以避居租界为唯一安全地。兹闻日本当局只从此次变乱调查租界之居民，较比原有额数增加 28000 余人，可见拥挤之一斑云。"[②]这些人的到来增加了租界的人口，华人逐渐成为租界居民的主体。

①来自天津华界的富户店商

20 世纪以后，各租界来自天津老城区的华人长期定居者与日俱增。1912 年壬子兵变、两次直奉战争以及"九一八"事变等，多年不断的战争带来巨大灾难，有组织的暴乱散兵游勇的洗劫使商家、店铺和居民犹如惊弓之鸟，"夜十点余钟忽闻河北枪声十余响，一时秩序大乱，居民纷纷向租界逃避"[③]。

租界成了华人商家和市民的安全岛和避难所，人们一有战乱就纷纷逃往租界，战乱结束则返回。但是随着战乱频发，租界商业的发展，许多华人商家开始在租界开设分号或者迁入租界。如原设在估衣街的

① 《调查避居日界人数》，《益世报》1920 年 7 月 29 日。
② 《日租界华人避难之拥挤》，《益世报》1925 年 12 月 17 日。
③ 《本埠前夜之大恐慌》，《大公报》1912 年 5 月 13 日。

商号物华楼,在壬子兵变中就有白银首饰六千余两被尽数抢去,还被放火延烧[①]。“年来中国境界,因受种种影响,顿呈萧条现象。大多数之商号居民率相迁入租界,避免意外纷扰。”[②]不久物华楼就在日界的旭街开设分号,总号也迁入法租界。但是迁入租界,能在租界定居下来、成为租界居民的只是少数有钱的富户商家。各个租界有不同的管理制度,生活费用要贵得多,不是一般的市民所能承担的,特别是英、意等租界的生活费用,更不是贫苦市民所能负担的。

②来自北京的清朝遗老遗少和北洋寓公

民国初年,由于政局动荡,战争不断,军阀、官僚、政客和清朝皇族、遗老遗少等来天津隐居者举不胜举。北京与天津近在咫尺,天津被称为是退隐后理想的居住之地。每当北京一次派系政治斗争之后,天津租界内就会出现一批新的居民,人数之多,有时会造成一时的“房荒”。

1912 年辛亥革命胜利,清朝灭亡,这一时期进入天津租界的主要是清朝贵族和旧派文人。逊帝溥仪 1925 年住进天津日租界,庆亲王载振也于同年来到英租界,还有载涛、载抡、载沣等都来天津租界居住。后来,1917 年张勋复辟,军阀混战、割据开始,北京的政局开始动荡,各路军阀在天津也开始大肆活动。一些被彻底打败的督军和无法在北京待下去的地方权贵、政客,他们已无可能东山再起,抱着定居或长期隐居的目的,他们携带家眷和财产来到天津,成为租界的长久居民;还有一部分则成为流动性居民——一些下台的军政要员和周旋于各个派系之间的职业政客,他们因派系之争而临时失势或因政权更迭而暂时下

① 《本埠五志乱耗之详情》,《大公报》1912 年 3 月 7 日。
② 《法租界人数之调查》,《益世报》1928 年 1 月 1 日。

台，居住在天津租界，将其当作政治"避难所"，等待时机重返政坛，来往于北京与天津租界之间，成为天津租界的临时性居民。一旦他们的政治生涯彻底结束，他们就会重返天津租界，成为长久居民。

③来自南方的买办人士等

天津作为北方的经济中心，聚集了各省来津经商和避难的人员，"咸视租界为乐土，纷纷迁入"[①]。南方的商人、买办尤其是一些广东、宁波买办商人为了开发北方市场、从事商贸活动迁居天津，成为天津租界最早的一批洋行买办居民。怡和洋行天津分行买办唐茂枝、宝顺洋行买办徐子荣等都是广东买办商人的杰出代表[②]。宁波帮的买办商人以华俄道胜银行买办王铭槐为代表。买办商人有的居住在租界的洋行里，有的拥有自己的住宅，有的还可以代表洋行参加租地人会议，被选为董事。他们人数众多，财力雄厚，经营种类广泛。天津作为全国洋务运动重地，还吸引了一批有知识、有技术的精英和留学归国人士来津工作和创办实业。如天津著名的民族企业家范旭东来自湖南湘阴，居住在日租界；李烛尘来自湖南永顺，居住在英租界；孙多钰来自安徽寿州，居住在英租界等。他们成为天津租界居民的重要组成部分，但具体的数字和人数没有相关统计。

④来自天津周边地区的移民

每当战争爆发，便有从各地战场前来租界的逃难者。1928年北伐战争期间，每次从济南方向开过来的列车到达天津车站，下车的人们

① 天津海关译编委员会编译：《津海关史要览》，中国海关出版社2004年版，第183页。

② [美]郝延平：《十九世纪的中国买办：东西间的桥梁》，上海社会科学院出版社1988年版，第59—61页。

“均极拥挤，故各租界房租又暴涨”①。

二、租界区居民主要构成和生活状况

在中国传统城市，人们在城市里的社会地位取决于官阶、功名并以此来决定身份的高低贵贱，而财产隐藏在身份的背后，不能直接决定和象征身份；在天津租界里，人们的社会地位直接取决于财产的多少，富人不仅直接拥有更多的社会权利，而且受社会各界的保护和尊重。这对中国原有的传统价值观念形成了严重冲击。清朝的灭亡，加速了传统价值观念的崩溃，人们逐渐接受西方财富至上的价值观念。富人虽然人数不多但是却能左右政局，尤其是拥有巨额财富的前朝贵族、北洋军阀的到来，助长了天津的奢靡之风，这体现在租界居民生活的各个方面。

> “以故官僚也，议员也，政客也，元勋伟人也，以及办学务办公益之绅若懂，惟日孳孳，莫不以攫取金钱为首策，目的达，腰缠富，取精既多，用物斯宏，溺情于声色赌博者无论矣，即宫室车马服用筵宴之类，亦突破王侯而不以为泰，精神上无一事堪与欧美仿佛，惟用度之奢侈，骎骎乎将陵而轶美。”②

（一）商人

商人是众多天津租界居民中最具活力和影响力的群体，他们通过

---

① 周俊旗：《民国天津社会生活史》，天津社会科学院出版社2004年版，第43页。
② 《不生活之生活程度》，《大公报》1913年5月28日。

从事商贸、航运等聚敛大量财富，是租界的主要纳税人，其中一些实力雄厚的代表性商人还成为租界董事会成员，参与租界社会管理，是维持租界秩序和运行的重要参与者。在各个租界中，商人及其家属在租界居民中占有一定的比例。

1. 外国洋行与买办

洋行是中国人对外国在本地经营进出口贸易公司的总称。开埠通商以后，一些外国商人和外商企业的分支机构开始来天津淘金，外商洋行中实力最强的是早期来天津靠贩卖鸦片起家的"怡和、太古、仁记、新泰兴"四大洋行。他们把持天津进出口贸易的经营权数十年之久，大量向中国倾销生产过剩的棉布、糖、火柴、煤油等工业品，同时收购、贩运和出口天津腹地的山货、特产及农副产品。随着洋行实力的增强，其业务范围越来越广，仁记洋行的"进口商品大自轮船、火车，小至废报纸；出口物资由古玩玉器直至废毛、头发，并代理各项代销、保险、海陆运输、招募华工等业务，坐收佣金"[①]。

随着天津经济地位上升，来津贸易经商的外国商人越来越多，1867年，"天津已有洋行 17 家"，"光绪初年，洋行已发展到近 30 家"。到"1936 年时，各国在津开设的各类洋行达到 982 家"[②]。随着洋行的大量设立，逐渐出现了一批社会声誉良好、具有较高社会地位的西方商人。如英商仁记洋行大股东经理傅博斯，在英租界商人中被称为"前辈""老好人"，是英国商人中非常有影响力的人物之一。英商永丰洋行

① 黄献廷：《英商仁记洋行在天津》，《天津的洋行与买办》，天津人民出版社 1987 年版，第 77 页。

② 天津市地方志编修委员会编著：《天津通志 · 附志 · 租界》，天津社会科学院出版社 1996 年版，第 209 页。

经理费卡尔因经营得法，很快成为天津最大的猪鬃出口商，得到“猪鬃之王”的称号。

天津对外贸易的发展也造就了一批白手起家，通过自身努力成名的商人。如高林，他原是一名领航员，随船队来津后，用两年时间开了“高林洋行”，不到十年的时间将“高林洋行”发展成为天津较大的洋行之一；李亚溥原系法国籍犹太人。在第一次世界大战时，他应征入伍，后辗转来到中国天津，1927 年创办了利华洋行，之后建成当时天津的最高建筑利华大楼，并接办了坐落在意租界的回力球场。

这些洋行商人凭借特权，在其经营的进出口贸易中大发横财，拥有大量财产，在天津的豪宅中，过着极其舒适安逸的生活。英商太古洋行的经理居住在德催琳住宅的对面，他的住宅隐蔽在上百米的专用林荫道里面，这座别墅正式住房面积达 370 平方米，有下房 12 间，用人住房 14 间。院内不仅有大片草坪、灌木丛、华亭，还有专用马房和车库。这些洋行商人不仅在东方享受着舒适快乐的生活，还把大量的财产运回国，以备不时之需。李亚溥在 1947 年底曾把几十箱珍品运往瑞士，其海运保险为美金 800 元，若按一般水运保险率为千分之一来估算，他运走的这批货物至少要值美金 80 万元①。

外国商人在天津不仅聚敛了大量的社会财富，还成立了专门的商人团体组织，代表和维护商人的利益，联络彼此之间的感情，相互交换商业信息，如天津商会、天津俱乐部等。外国商人在商人团体组织中见面，读报纸、交换消息、开办辩论会、组建乐队等。外国商人主要生活和

---

① 高渤海.《白手起家的百万富翁戴维斯》,《天津文史资料选辑》七十五辑，天津人民出版社 1997 年版，第 142 页。

居住在租界区，过着安逸舒适的生活，基本与本土生活无异。

> “他们将生活安排得多舒适啊！美丽的河岸大街，宽阔的马路，设计和分布得十分妥善，两旁种着杨树、洋槐，还有花园，风景秀丽的维多利亚公园，盎格鲁撒克逊混合式的漂亮房屋，以及俱乐部、邮政、电报、电话、下水道，煤气照明。‘以霍尔茨公司’为首的几家琳琅满目的大商店，里面各色物品，应有尽有，凡是一个娇生惯养的欧洲人所需要的一切，这里都出售。租界里的这种舒适和豪华弥补了欧洲人在远东的艰难而乏味的生活。”①

天津开埠以后，外国商人陆续来到天津，他们同中国人做生意面临着语言交流和货币制度差异等诸多方面的障碍。对于外国商人来说，“了解中国多得异乎寻常的商业惯例和社会习惯似乎也是不可能的，……没有中国助手是永远做不成生意的”②。买办对于外国商人开展进出口贸易是十分重要的，因此天津的洋行基本都有买办。其中，最早来天津做买办的是广东人和宁波人，这些人因籍贯、语言和生活习惯的原因，相互关照，联系密切，因而在天津买办中逐渐形成了广东帮和宁波帮。开埠之后，因民族感情原因，传统商人中愿意为洋行服务的人少之又少，洋商只得从为他们做工役、厨司、管库、看门等服务的华人中进行筛选。随着买办群体的收入越来越高，许多绅商和知识分子加入买

① ［俄］德米特里·扬契维茨基著，许崇信等译：《八国联军目击记》，福建人民出版社1983年版，第28—29页。

② ［美］郝延平：《十九世纪的中国买办——东西间的桥梁》，上海社会科学院出版社1988年版，第27页。

办的行列，在天津买办中逐渐出现了"北帮"[①]。

天津买办人数没有确切统计，但有学者根据驻津洋行的数量对其规模进行了估算，其认为至清末，天津的买办（包括现任买办和具有买办经历的人）应在数千人以上，到抗日战争爆发前这个数字更高[②]。美国学者郝延平则认为，在中国进行对外贸易的买办，通过各种合法或非法的手段，积累了非常可观的资产，他们的人数超过了行商。

近代天津买办大多家资丰厚，生活富足，结交甚广，除了作为洋行或外国银行的雇员，他们自己还投资商业，支持社会慈善，地位显赫。"买办不仅属于条约口岸最富有的华商之列，而且就整个中国言之，他们也是最富有的"[③]。买办作为洋行的商务代理人，每个月都从洋行获得固定报酬，虽然固定报酬较低，但每月贴费有数十辆到数百两不等。佣金则是按照成交额计算的，另外还有其他各种名目的收入。加上他们自己的经营所得，最多的每月收入可达数万至数十万两。如怡和洋行买办梁炎卿的买办收入，据其子女所统计，约有以下各项名目：

(1)替洋行的船只揽载，所得佣金，称为保证佣金；

(2)船上买办偷运、走私、舞弊所得，要分给洋行买办一份；

---

① 罗澍伟在《近代天津城市史》中提出天津买办有广东帮、宁波帮和北帮之分；庞玉洁在《开埠通商与近代天津商人》一书中认为天津的买办阶层主要来自三个帮派：广东帮、宁波帮和天津本地帮；耿科研则提出天津买办有南、北帮之分，南帮包括广东帮、宁波帮；北帮包括天津本地帮、河北帮和山东帮。

② ［日］田中仁、江沛、许育铭主编：《现代中国变动与东亚新格局》第一辑，社会科学文献出版社 2012 年版，第 344 页。

③ ［美］郝延平：《十九世纪的中国买办：东西间的桥梁》，上海社会科学院出版社 1988 年版，第 122 页。

(3)客户为求得某种便利，向买办公开行贿俗称“使费”；

(4)货物保险费回扣，损失赔偿的回扣；

(5)倒卖客户已到的进口货，随高价出售，以船运误期搪塞客户，或用其他客户的来货顶替。赚钱之后再给原客户重新订购一份补交；

(6)外商提供国外市场货价重大变化的消息，买办自己不愿担风险时，可以透露给客户。客户如因此而获利，买办坐分一份；

(7)买办自己经营房地产买卖出租及购买外国企业的股票等。

多元的收入来源，在经过数十年的积累，不少买办都成为富豪。据统计，梁炎卿的财产约值两千万元，郑翼之约一千余万元。其余财产在百万以上的更多[①]。

买办阶层是天津城市社会的特殊阶层，他们最先接触西方文化，受西方文化影响较大，同时也受到中国传统价值观念和行为习惯的影响，在他们身上往往体现出中西文化相融合的双重特征。在生活方式上，他们超出了旧式的封建地主和贵族，开始向西方资本主义看齐。例如，任天津汉德尔洋行买办的沈仲英拥有一所富丽堂皇的花园洋房，其造价超过50万银圆，陈设着特意从欧洲进口的家具。花园洋房中还布置着上等中国瓷器，外部环绕着中国式花园。这所花园洋房坐落在外国租界，租界四周是中国人的居住地。梁炎卿他本人推崇节俭的生活作风，并教导他的儿女们以此作为立身处世之道。他自己一生不赌博，拒绝烟酒，不备马车，过着清简的生活。但与此同时，他让其子女接受西方教育，讲得一口流利的英语，给予充足的高等教育。“买办阶层不仅

① 文昊编:《民国的买办富豪》，中国文史出版社2013年版，第218页。

是近代天津最早的商业资本家，而且将买办资本向工业企业的转化，也便买办成为最早参与资本主义工业活动，并且集投资与管理于一身的近代天津新式企业开拓者和工业资本家”[①]。

2. 银行家

鸦片战争以后，随着天津商业的发展，特别是对外贸易的迅速发展，天津迫切需要开展国际汇兑业务，融通资金。1882 年，汇丰银行率先在天津设立分行，随后天津近代的金融组织开始大量出现，一些外国银行经理或负责人开始入住天津租界。清末至民国前期，天津先后共设有外商银行（包括中外合资）21 家，1925 年，在天津设总行的银行有 14 家，仅次于上海和北京[②]。到 1928 年，天津华商自己创办的银行数量已达 56 家，其中 15 家银行总部设在天津[③]。这些银行主要集中在英租界的维多利亚道上，各个银行大楼彼此相邻。位于这条街道上的银行有：英国汇丰银行、麦加利银行、美国花旗银行、通运银行、大通银行、俄国的道胜银行、德国的德华银行、日本的横滨正金银行，比利时的华比银行等，众多银行聚集，使得这条街道被称为“天津的华尔街”。

伴随着银行业在天津的兴起，新式银行家队伍也在逐渐形成并发展壮大，他们最显著的特点是大都接受过新式高等教育或者是留学归国人员。据表 2-5 显示，15 位银行家中有 3 位接受过新式教育，有 9 位出国留过学。这些银行家中只有阮寿岩是天津本地人，其余均来自南方各省市。可见天津当时吸纳了许多南方有志之士来津从业或经商，

---

① 庞玉洁：《开埠通商与近代天津商人》，天津古籍出版社 2004 年版，第 79 页。

② 江沛、秦熠、刘晖等著：《中华民国专题史》第九卷，《城市化进程研究》，南京大学出版社 2015 年版，第 271 页。

③ 罗澍伟主编：《近代天津城市史》，中国社会科学出版社 1993 年版，第 400 页。

他们的到来为天津金融业发展带来了新的经营理念和经营方式，促进了天津金融业的发展。这些新型银行家不仅具有良好的学识，而且随着天津银行业、金融业对天津经济发展作用的凸显，他们的社会地位也在不断提升。在1918年，他们发起并成立了自己的行业组织——天津银行同业公会，在天津商会中的地位也在不断逐渐提高。民国以后，在天津商会会董职业构成中，有6位华商银行家代表银行同业公会会员①。

表2-5　20世纪20至30年代天津租界银行家代表人物简况表

人物	籍贯	受教育状况	银行界任职状况
卞寿孙	江苏仪征	留美硕士	天津银行同业公会会长
资耀华	湖南耒阳	留日	上海银行天津分行经理
卞喜孙	江苏仪征	留美硕士	国货银行天津分行经理，后任天津中央银行经理
钟锷	广东梅县	留美硕士	天津交通银行经理，天津银行同业公会主席
吴鼎昌	浙江吴兴	留日	盐业银行总经理，后创办四行储蓄会
任凤苞	江苏宜兴		盐业银行董事长，金城银行董事
陈亦侯	浙江永嘉	北京译学馆	天津盐业银行经理，天津银行同业公会董事长
周作民	江苏淮安	留日	创建金城银行任总经理，合办四行储蓄会
阮寿岩	天津	银号学徒	金城银行经理，金城银行迁入上海后，后任天津分行经理
王毅灵	四川内江	留日	金城银行迁入上海后，后任天津分行总经理，天津银行同业公会理事长

① 参见胡光明《论北洋时期天津商会的发展与演变》，《近代史研究》1989年第5期，第138页。

续表

人物	籍贯	受教育状况	银行界任职状况
谈丹崖	江苏无锡	留日	创办天津大陆银行，任总经理、董事长
许福柄	江苏盐城	前清举人	大陆银行分行经理，后任大陆银行总经理
王孟钟	江苏常州	上海南洋公学	中国银行天津分行经理
胡仲文	江苏淮安	南开大学	任四行储蓄会经理，联合银行经理，盐业银行董事
俞鸿	浙江上杭	留英	上海新华信托储蓄银行天津分行经理

资料来源：《九国租界与近代天津》，天津教育出版社，2008年版，第58—59页。

3. 新式企业家

随着天津近代工商业的发展，许多新式的具有现代意义的企业工厂出现了。在1900年，在津的外商工厂和企业已有24家，其中英商占18家，德商3家，法商1家，比商1家，日商1家。资本金额最高的比商电车电灯公司，为250万元。[①] 这些外商工厂和企业主要分布在租界。据1928年天津市社会局对英、法、日、意四国租界的调查，共有商店、公司4344家[②]。这些商店、公司既包括外商创办的工厂，也包含华人创办的企业。随着洋务运动在天津的兴起，清政府天津机器制造局开启了天津近代工业化历程，许多新型近代工商企业在津兴办，这些新式企业家主要居住在英、法、日等国租界。

近代新式企业家是城市中的社会精英群体，早期的企业家多半出

① 徐景：《天津近代工业的早期概况》，《天津文史资料选辑》第1辑，天津人民出版社1997年版，第135页。

② 龚关：《腹地、军阀官僚私人投资与近代天津的经济发展》，《史学月刊》2011年第6期，第47页。

身于知识分子，他们文化水平较高，见多识广，关心国家大事，怀有强烈的爱国热情和实业救国的激情。这些新式企业家大多生活俭朴，所得资金和财富主要用于扩大再生产和创建新公司。如宋寿恒生活就非常俭朴，不沾烟酒，常穿粗布衣服。他约好去一个机关看望朋友，或应邀到饭馆赴宴，往往因衣着寒酸而被拒之门外，直到主人出来迎接才得入内[①]。近代民族工业创始人周学熙则制定了以"多积累，少分配"为原则的存储新事业基金。他将开平、滦州两矿联营之后，获利极丰，股东应分红利也多，周学熙提出每年发给股东股息，每股最高限额为2元4角，其逾额之数仍为股东所有，按积累提存，作为新事业基金，并发给股东新事业基金存折收执[②]。

(二)寓公

近代天津是北方重要的工商业城市，也是租界最多的城市。辛亥革命时，清朝权贵怕革命军抄家，纷纷把财产往天津日租界、英租界或者法租界转移。北洋政府时期，军阀互相混战，溃败的一方跑到天津隐退避祸而成为寓公。寓公虽然在不同的时期具有不同的内涵，但在近代中国，"寓公"[③]一词成了移居租界前清权贵、遗老遗少和北洋政府要

---

① 中国人民政治协商会议天津市委员会文史资料委员会编:《近代天津十大实业家》，天津人民出版社1999年版，第38页。

② 中国人民政治协商会议天津市委员会文史资料委员会编:《近代天津十大实业家》，天津人民出版社1999年版，第31页。

③ "寓公"一词，不同的学者对其做出了不同的解释。罗澍伟在《民国初年的天津寓公》中指出，"寓公"是一个十分古老的词汇，在不同时期具有不同的含义。来夏新主编的《天津的九国租界》则指出"寓公"一词源于春秋战国时期，指失去领地的诸侯而被迫寄寓他国的流亡者，后来指客居他乡的下野官吏。尚克强、刘海岩在《天津租界社会研究》一书中指出，"寓公"是指赋闲在家，过着富有的生活而且具有一定社会地位的居民。

人的专用名词。寓公在天津租界居民中拥有一定的数量,并成为继买办之后又一富有并具有社会影响力的特殊群体,丰富了近代天津城市发展的形式与内涵。

1. 近代天津租界寓公群体的形成

从民国初年到20世纪30年代,许多前清的皇室贵族、失去权势的重臣和北洋政要纷纷进入天津租界购地建房,安家落户。这些人主要集中在英租界五大道、法租界和意租界,人数较多,其中北洋要人,总长、省长、督军等在天津达百人以上,如将其他人物都算在内,要超过500人[①]。

寓公来天津租界定居,大都携带了大量的黄金、珠宝、钻石和货币。例如,张勋复辟失败后逃入天津,先是经美国人保险两次运去京师现银44万[②],后又将私囊计40箱并硬木匣5个,运入英租界私宅内[③]。前清遗老遗少和北洋政要携带大量资金财富进入天津租界,即增加了天津租界投资建设的资本,繁荣了天津的工商业,同时也使浮华奢靡的生活有了载体和财力支撑。

2. 近代天津租界寓公群体的社会生活

近代天津租界的寓公是一个过渡特征明显的社会群体,在他们身上,仍然保留着封建社会官僚权贵阶层的诸多特点,如官僚权贵气十足、爱讲排场、生活奢侈等,但他们又少了守旧官僚的迂腐、顽固等弊病,在社会生活中乐于接受新事物,吃西餐、穿洋装、住楼房并积极投资近代工商业和金融业,在无意中顺应了近代中国经济社会发展的历史

① 尚克强、刘海岩主编:《天津租界社会研究》,天津人民出版社1996年版,第214页。

② 《张勋之私囊运京》,《大公报》1917年7月13日。

③ 《英人保护张勋宅》,《大公报》1917年7月14日。

潮流和趋势。寓公群体集传统与现代于一身。

(1)中西合璧的奢华日常生活

吃西餐、着西装、住洋楼、讲洋话是民国初年天津租界的流行时尚。受西方的影响,前清贵族和北洋政要入住天津租界后,日常生活方式逐渐呈开放性,他们学习西方的生活方式,体现出中西文化相互结合的特点,这也包含着对旧有封建社会生活方式的否定和追求新型消费形式的双重含义。比如溥仪外出时,喜欢把自己装扮成《老爷杂志》上的外国贵族模样。但扶乩、相面、算卦、批八字等活动,却又是其在张园日常生活不可少的玩意[①]。载振的庆王府内布置得富丽堂皇,中西合璧,一楼大罩棚是天井式方形大厅,面积约有四百平方米,当中悬挂三块御笔匾额。大厅高顶的正中悬挂着一对西洋古典玻璃大吊灯。黎元洪家中有中、西餐厨房,并聘请了王庚秀、王天贵、谢长保等中餐厨师和王天保、陈珪等西餐厨师。从这些比较知名的天津租界寓公代表的生活起居,我们可以看出寓公群体既崇尚具有西方现代文明气息的"洋生活",又舍不得丢掉彰显自己血统、权贵身份的传统标志性元素,具有明显的中西合璧、新旧结合特质,即便是寓居租界也要尽可能保留"颜面"。

(2)对佛教的笃信与弘扬

一些寓公在政治、经济等方面遭受了严重挫折,境遇基本上处于人生低谷,巨大的落差导致这些人情绪相对低落,消极避世,结交寺院僧侣,日日谈禅,成为居士,更有甚者受戒剃度,遁入空门。在天津租界,许多下野的北洋军阀、官僚信仰佛教。段祺瑞在天津隐居后笃信佛教,他广交僧俗弟子,在公馆里设有佛堂。甚至在他的影响下董康、朱深、

---

① 爱新觉罗·溥仪:《我的前半生》,群众出版社1964年版,第296页。

黄郛、王揖唐、张孤、吴光新、王郅隆、倪嗣冲等都信奉佛教。另外，靳云鹏与孙传芳也都信仰佛教，他们还接办禅院，聚众讲经。近代天津既没有得道高僧，也没有古刹名寺，但伴随这些寓居天津人群对佛教的追捧，天津的佛教信仰也跟着热烈起来。尽管这些寓居天津的权贵群体可能并不一定是发自内心地信仰佛教等宗教信仰，但这些人作为当时社会中的一个重要群体，其行为对普通民众具有示范效应，客观上扩大了宗教在当时天津民间的传播。

(3)丰富的消闲娱乐文化形式与近代博彩业

来津隐居的寓公中许多人已远离政治中心，隐居在天津租界，整日无所事事，生活闲散舒适。《大公报》对 1928 年日租界华人户口数及职业状况的调查证实了这点，当年在日租界华人中赋闲者有 1046 户，几乎占华人总户数的三分之一[①]。这些人基本都是隐居在日租界的遗老遗少、北洋军阀及其家属。在那桐的日记中，关于日常休闲生活的记录最多、最详细，他在天津做寓公的生活是非常闲适的。休闲舒适的生活和大量的财富，使得隐居天津的寓公们享受着十分丰富多彩的文化娱乐生活。1980 年至 1925 年，那桐家的娱乐活动多得不可胜计，如外出看戏、看花灯、看电影、出游，还有那桐及家人最钟爱的堂会等[②]。在旧历年节或逢辛亥革命纪念日时，黎元洪会邀请京剧名角，如当时的名演员金月梅、金少梅等，和杂耍艺人前来演出，以此招待内外宾客……另外黎元洪对赛马也感兴趣，每有赛会，必前往观赏。有时他还陪夫人及女儿们去听戏、看电影、听相声。由以上事例我们可以看出，作为曾经

① 参见尚克强《九国租界与近代天津》，天津教育出版社 2008 年版，第 67 页。
② 孙燕京：《从那桐日记看清末权贵心态》，《史学月刊》2009 年第 2 期，第 124 页。

的社会精英权贵阶层，尽管丧失了往日的辉煌，但由于掌握着大量的社会人脉资源和财富，这些寓居天津租界的失势权贵的生活方式、消费习惯、价值观念及对待财富的态度仍然保留了以往的传统。

(4)积极投身近代天津工商业发展

在罗澍伟对民国初年108位天津寓公的统计分析中，从事经营活动的有40人，占总人数的37%①。在众多寓公中，有相当一部分开始弃政从商，他们投资盐业、开当铺、租赁房屋、创办实业、从事工商业，其中在天津投资最多、经营最成功的，首选倪嗣冲。他曾投资60万元建立了金城银行，几年间金城银行发展迅速，存款额一度雄踞全国商业银行之首，并与中国、盐业和交通三大银行并驾齐驱；出资20万元接办裕兴面粉公司，后改为大丰面粉公司，与他人联合兴办了寿星面粉公司，后改为寿丰面粉公司；投资100多万创办裕元纱厂等②。张勋移居天津后，投资、参与经营的公司就有30余家，涉及山东、江苏、江西、吉林、天津、北京等地，其领域包括煤矿、纺织、面粉、自来水、电灯、林业、房地产、银行、典当行等众多行业。天津近代租界寓公群体积极开办各类商号，繁荣了天津近代工商业，奠定了近代天津工商业实体经济发展的技术、人力和资金基础，在某种程度上促进了天津近代实业的发展。但是由于他们自身具有封建性，因而对近代天津经济社会发展带来了铺张奢靡等负面影响。

① 参见罗澍伟《民国初年天津的寓公》，《城市史研究》第21辑2002年，第419—423页。

② 李良玉、吴修申：《倪嗣冲与北洋军阀》，黄山书社2012年版，第152页。

(三)服务型人员

租界的居民中还有从事服务型工作的群体,其中包括服务于富商大户、买办、寓公的用人,为租界社会提供生活服务的小手工业者、店员、小商人以及从事服务行业的酒店服务员、人力车夫、歌舞女等,他们属于租界社会的下层居民。这些服务型人员中既有华人也有侨民,其中从事服务性行业工作的外国侨民主要是日本侨民和俄国侨民。由于日本政府鼓励扩张性移民,20 世纪后大量涌入天津的日本侨民多是一般职员、普通居民和社会下层人员,他们主要在日租界充当职员、店员和公职人员。俄国侨民则不同,俄国侨民来津主要是因为俄国革命爆发,沙皇政府垮台,他们流亡来津,为了生存,从事各种职业,例如经营小店铺、小作坊等。

由于资料的缺失,我们对这部分人群的数量无法进行明确统计,但通过一些零散的资料可以看出,这部分人数量庞大,是居住在租界区的主要居民之一。如载振府内的男女仆人包括他们的家属共 100 余人,其中有伺候男女主人的用人、丫头及厨师、花匠等。府内楼西边的平房是大厨房,主管厨师姓徐,南方人,他手下就有十几人。冯国璋 1917 年来津时,单是男女仆人就有 100 余人。“由于大量富人、军阀、官僚等集聚在特一区和特二区,使这两个区从事家庭服务业者,即仆役、用人等数量大增,占华界总数的 14.7%”①。

另外,随着商业经济中心的迁移,法租界的梨栈和日租界的旭街一带成为城市的商业中心和娱乐中心,大量的商铺、饭店、歌舞厅、影院、

① 罗澍伟主编:《近代天津城市史》,中国社会科学出版社 1993 年版,第 585 页。

戏院等开始在这里聚集，需要大量的服务人员提供商业服务。法租界的梨栈一带坐落着轰动津沽、闻名全国的天祥市场、泰康商场、劝业商场；在其周边有李同益、徐阿明等西服店20余家；较大的绸缎庄有谦祥益等70余家；鞋帽店有盛锡福等50余家；除商场和商店外，劝业场一带开业的影剧院、饭馆、舞厅近60家，如此集中的程度在全国其他大城市也是少见的[①]。这些店铺、娱乐和消费场所的形成和集中，吸引了大量外来服务人员和社会中下层来此谋生，并逐渐定居下来，成为租界居民的一部分。在劝业场附近（现哈尔滨道、山西道、河北路之间）出现了一大片简陋的平房，在法租界和日租界交接的地方（现长春道、河北路、锦州道之间）也是一大片简陋的平房，在这里居住着一大批理发师、厨师、舞女、女招待、小商贩和贫苦的小职员等。

这些服务人员居住在洋人、买办、寓公等富有人群的下房里或租界边缘低矮简陋的平房中，过着贫困的生活。例如在《租界生活：一个英国人在天津的童年》一书中对一姐一家的居住环境进行了详细地描述，“后院有几级台阶通向地下的煤窑、厨房、一姐一家的屋子和‘苦力’宋哥哥的房屋……在一姐的屋子里，有一个箱子，石头地板上铺着用灯芯草做的席子，墙上挂着两个篮子和一口铁锅。床是用砖垒的，有四英尺高，而且很宽，占去了房间很大一部分空间。在床的一端，是一个冬天烧煤的炉子。”[②]租界小商小贩的生活也是非常困苦的，例如卖莲花老人，“老人很瘦，由于饱经日晒而皮肤黝黑，他赤着双脚，身上的蓝棉衣

---

① 参见周俊旗：《民国天津社会生活史》，天津社会科学院出版社2001年版，第169页。

② ［英］布莱恩·鲍尔著，刘国强译：《租界生活：一个英国人在天津的童年：1918—1936》，天津人民出版社2007年版，第43页。

早已褪了色,褴褛不堪,透过破裤子露出瘦骨嶙峋的膝盖"①。

三、从地价和房价看租界区居民的主流文化构成

租界是按照西方城市规划建设模式建造起来的带有殖民性质的新城区,在开辟之初,英国等租界就对土地进行了分级划等,并在此基础上进行开发利用,为不同层次的社会阶层提供不同的居住和生活空间。土地层级的选择,直接体现了居民社会财富的多寡。租界在划定之初,英法租界的价格较低,每亩土地售价一般不超过银 30 两(有的另加 10 两迁移费),法租界在《法国租界条款》中也明确规定,"本大臣与领事已经拣选法国人等可租地基界内地基,其亩若在河沿地一块,应付原租价钱每亩地银六十两"②。最初来津的外国侨民以低廉的价格争相购买租界土地,建造工厂或住宅房屋。

在后来的几十年,由于天津租界经济的繁荣和城市商业中心的迁移,特别是政局动乱、军阀战争频发,大量选择在天津租界过隐居生活的权贵阶层,尤其是来自北京的军阀官僚、前清遗老遗少等不惜以重金大量购置土地,再加上华界和外省来津避难的商人、地主等也纷纷迁入租界。一时间租界的建筑业日益繁荣,地价节节攀升。"以致租界地内,土木大兴,建屋甚多,即如墙子河外,低洼之地,业已填平,建筑房舍,英租界墙子河外,英租界推广地段,现已筑有华人住宅多所,沿河一带,堆栈兴建颇伙,足征本期本埠建筑事业,最为蓬勃也"③。"近年本

---

① [英]布莱恩·鲍尔著,刘国强译:《租界生活:一个英国人在天津的童年:1918—1936》,天津人民出版社 2007 年版,第 6 页。

② 天津档案馆著:《天津租界档案选编》,天津人民出版社 1992 年版,第 99 页。

③ 天津海关译编委员会编译:《津海关史要览》,中国海关出版社 2004 年版,第 183 页。

埠英、法租界，居民日增，商行日多。一般官僚政客，视为安乐窝。银行界亦多受庇于租界，纷纷争购地皮，建造房舍。故竞购购愈力，价值愈昂，现在与去年夏季之比较，已涨至百分之二十。与前年比较，实涨至百分之五十。"[①]据统计，从光绪十二年到民国十五年，短短40年间，天津的地价竟然上涨了几百倍[②]。竹节词中也曾有这样的描述："租界街基价倍增，房金转移即加增，更多阔老营三窟，土木工程日日兴。"[③]从表2-6可以看出，到1928年除了第六警区外，其他区的地价均已超过千元。但华界第一至第七警区的地价明显低于英法意租界和特一、特二、特三区的地价，其中英租界地价竟比第六警区地价高了十倍多，可见不同区之间地价差距之大。要想进入租界区购地买房成为租界的居民，只能拥有大量财富他们才能支付得起高昂的地价，在地价不断攀升的租界区建造房屋。

表2-6　天津地价一览表(每亩/国币元)

区域	1929年上半年		1927年上半年		1928年上半年	
	最高	最低	最高	最低	最高	最低
第一警区	4103	2055	4541	2436	9363	7284
第二警区	2788	1337	2873	1473	4869	2394
第四警区	2473	1733	2993	2240	7567	5367
第五警区	1820	1060	2880	1984	4080	2620
第六警区	731	478	1102	639	1306	807

① 《租界地皮价值昂贵》,《益世报》1923年2月15日。
② 李开周:《民国房地产战争》,三联书店2012年版,第99页。
③ 冯问田:《丙寅天津竹节词》,天津社会科学院图书馆藏1926年版,第2页。

续表

区域	1929年上半年		1927年上半年		1928年上半年	
	最高	最低	最高	最低	最高	最低
第七警区	1369	406	1634	833	3347	1569
特别一区	6632	3955	7143	4615	9406	5943
特别二区	6000	4820	6564	5072	13940	11320
特别三区	3980	2827	4406	3129	9271	6600
英租界	8067	4993	13171	8578	15569	9996
法租界	18538	11860	25188	16671	28997	21718
意租界	4813	3619	5838	4508	15718	13625

资料来源:《中外经济统计汇报》1929年11月第2卷第5期,第10—15页。

"租界地价飙升,自然导致租界房价飙升,连日因时局关系一般资产阶级之富户均逃入各租界避居,故英法意各租界空房,大量出租,现租界房价,因租者人多,房主居奇抬高租价,较前增涨一二倍不等"。[①]

租界对住宅建筑样式也有具体的要求。意租界在1908年制定章程中,不仅规定主要道路两旁的住宅建筑必须是欧式的,而且对住宅主人的社会身份也有明确限定,即居住者必须是"具备上等身份和名望的欧洲人"或是"海关道或其他中国高级官员"[②]。后来修订的章程中虽然不再限制居住者的社会身份,但对置产和建造住宅的要求仍颇为严格,限制建设中式住宅,规定临街的高层建筑式样不许雷同,因此,经过较短时间的开发建设,意租界的建筑风格多样,造型优美,再加上意租

① 《租界房价奇涨》,《大公报》1937年7月20日。

② 刘海岩:《租界、社会变革与近代天津城市空间的演变》,《天津师范大学学报(社会科学版)》2006年第3期,第38页。

界离旧城区很近，与日租界仅一河之隔，又毗邻火车站，地理位置优越，交通便利，市政基础设施建设较为完善，意租界成了军阀官僚寓居最为集中的“贵族租界区”。

四、租界区居民文化构成的原因分析

伴随着近代天津租界区的规划建设、扩张，大量富有阶层在天津租界集聚，形成了比较独特的天津近代文化，丰富了天津近代城市文化形态，为天津成为近代工商业名城奠定了人力、财力和物力基础。从现有文献看，造成商人、寓公等群体在天津租界集聚的原因主要有以下四个方面，天津得天独厚的区位优势使天津成为继北京之后权贵人群居住生活的首选；近代中国历史上形成的天津租界治外法权；租界内相对完善的公共基础设施和服务及近代天津租界商贸业的兴旺繁荣。

（一）天津得天独厚的区位优势使天津成为继北京之后权贵人群居住生活的首选

清末民初，中国政局开始动荡不安，战争不断，前清贵族、遗老遗少和北洋军阀、官僚政客等来天津隐居者举不胜举。北京与天津近在咫尺，是隐居的理想选择。因此，许多前清权贵，特别是北洋政要都选择将天津租界作为政治“避难所”和隐居之处。

（二）近代中国历史上形成的天津租界治外法权

租界又被称为“国中之国”，外国列强在租界中拥有相对独立的行政权、司法权、治外法权等，完全不受中国法律的辖制。清末民初，中国政治舞台风云迭变，政权更替频繁，无论是清朝遗老遗少还是下野的军阀、官僚大都跑进天津租界藏身。北洋政府时期的袁世凯、徐世昌、黎元洪、曹锟都与天津租界有关。徐世昌下野的当天,就携家眷避居天津英租界;黎元洪为直系军阀所逼也来到天津英租界;曹锟下野后直接寓居于天津租界。

(三)租界内相对完善的公共基础设施和服务

20 世纪 20 年代之后,天津的英、法、日租界已成为公共设施较为完备的近代化城区,租界内的主要街道纵横交错,四通八达,路面铺设了较为洁净的柏油或混凝土。街道两侧绿树成荫,路灯林立,排水设施完善,而且分布在街道两侧的中、高档住宅均安装了排污的卫生装置,水电设施齐全,电器应用普遍,成为其他城市近代化建设的示范区,吸引了大量富有阶层的聚集。相对于天津其他区和其他城市而言,天津租界安全、整洁、舒适的生活环境对他们的吸引力也是巨大的。"我们看到外国人在中国经营的租界,如马路的整洁,交通的管理,卫生的设备,凡一切市政设施,无不应有尽有,再看一看华人治理的华界,较之租界,是不啻天渊之别"①。

(四)近代天津租界商贸业的兴旺繁荣

英法美租界划定以后,凭借有利的地理位置,使天津的航运中心开始逐渐向其所在的紫竹林一带转移,租界渐渐成了重要的对外贸易港口。20 世纪以后,天津的对外贸易迅速发展,1906 年进出口贸易总额突破亿海关两,到 1930 年更是突破了 3 亿海关两,20 世纪 20 年代以

---

① 唐应晨:《租界制度与市政建设》,《市政评论》1936 年第 6 期 ,第 26 页。

后，天津进出口贸易总额约占北方各口岸的 60%，成为北方最大的进出口基地。天津租界区航运和贸易中心的地位凸显，在租界地的海河两岸渐渐布满了码头、洋行和货栈。与此同时，20 世纪 30 年代天津城市空间也经历了重构，天津城市的经济中心逐渐向法租界梨栈和日租界旭街一带转移，对外贸易的兴盛和商业的发达为传统商人、新式企业家等阶层的商业活动、社会生活提供了多样选择和便利性，较好地满足了他们的日常生活和消费娱乐需求。

五、租界文化对近代天津城市社会发展的影响

天津开埠通商以后，随着外国侨民的大量进入，西方的文化观念、生活方式也进入天津，中西文化在这里碰撞、冲击和融合，竹节词中出现了“奇装妖服仿西欧，卖笑门前半晌留，疑是来游罗刹国，门名始识马家楼”[①]的描述。买办、寓公等群体作为天津租界居民的主体，审时度势地接受了西方现代文明，在他们的日常生活中呈现出中西文化融合的一面。这加速天津近代城市发展史上相对独特的租界“洋楼”建筑文化的形成，使天津拥有近代建筑史上“万国博览会”的美誉。买办、寓公等群体作为一个居于社会结构上层的人群，对西方现代文明在我国近代社会中的传播和普及在一定程度上起到了“领跑者”的角色，大量财富及智力对天津近代实业的投入，开创、奠定并繁荣了天津近代工商业，使天津成为北方工商业中心。

① 冯问田：《丙寅天津竹节词》，天津社会科学院图书馆藏 1926 年，第 2 页。

（一）加速了租界空间居住格局的更新，形成了风格独特的“洋楼”文化

洋人、买办、寓公等群体进入租界，首先要在租界租赁房屋或购地建房，以满足其居住和在租界长期安定下来的需要，这直接加速了租界的开发和建设，例如在英租界的墙子河外，低洼之地很快被填平建筑房舍，不久在英租界的推广地段，就出现了多所华人住宅，房屋建设是这一时期最为兴旺的行业，富有群体把大部分财产投资于土地和城市不动产。正是由于这些寓公们大兴土木，投资租界住宅开发建设，加速了英、法、意等租界的开发，在英租界五大地道区和意租界出现了许多造型优美，风格迥异的小洋楼。今天漫步在天津五大道地区，依然可以看到英式、意式、法式、德式、西班牙式等各种不同风格的近代建筑，这些建筑形成了富有特色的“西洋”建筑文化景观。

（二）促进天津传统与现代文化娱乐业的繁荣，天津成为北方曲艺文化名城。

租界内聚集的大买办、商人以及频繁往来于京津之间的官僚、军阀等充当了文化传播的媒介。他们将北京的许多文化传统和社会习俗带到了天津，影响了天津城市文化的发展，带动了天津传统文化和现代文化娱乐产业的发展。清王朝垮台之后，大批清朝遗老遗少们追随逊帝溥仪寓居天津租界，他们以京剧来调剂生活。这些人拥有大量的闲暇时间，爱好京剧，是京剧的忠实票友，有些皇亲贵族还有深厚的京剧功底，如载振、载伦、袁克文等。他们不仅是北京名伶的老朋友，也是京剧艺术活动的支持者和赞助者。例如，“尚小云每次来津，都到府里拜见我父(载振)……我父有时送给他一些礼物,如玉器、牙雕、古玩等,有时也给钱"[①]。当时天津富有阶层家中唱堂会的比比皆是,许多前清贵族和北洋官僚、军阀家都建有戏楼,每逢喜庆节日和生日宴会,就会邀请名角、名票到家中演出。堂会实际上已成为由私人出资的大规模戏剧会演活动,各派艺术家可从中相互学习、交流和借鉴,这促进了艺术水平的提升和发展。正是由于这些寓公等广大京剧爱好者的支持和推动,才使京剧在天津日渐兴盛,风靡一时,有了"北京学戏,天津走红,上海赚包厢银"的梨园界老话。

另外,寓公的集聚,还带动了天津现代文化娱乐业的发展。为了享乐和消遣,他们积极投资兴办现代文化娱乐产业,1920年原北洋财政总长张弧、原北洋陆军总长吴光新联合筹办了华商赛马会,带动了天津时兴的赛马之风,每次赛马开赛全城轰动,新闻报纸大量宣传。北洋官僚、军阀和前朝遗老遗少是20世纪20、30年代天津文化娱乐消费的重要群体,他们拥有大量的社会财富和资金,追求闲适享乐的社会生活,并将其作为一种生活方式和消费方式。参与丰富多彩的文化娱乐活动,成为富裕阶层的重要社会象征,他们投资和推动了天津文化娱乐业的发展,在天津的租界里,歌舞厅、剧院、茶馆等娱乐场所比比皆是,种类繁多,使天津成为北方文化名城。

(三)改变了传统社会习俗,深刻影响了天津近代地域文化

在传统的中国社会,人们的社会地位和身份的高低取决于官阶、功

---

① 中国人民政治协商会议天津市委员会文史资料委员会编:《近代天津十大寓公》,天津人民出版社1999年版,第221页。

名等，财产只是隐藏在社会身份背后的东西。租界则不同，在租界辖区范围内居住的中国公民拥有财富的多少直接同拥有社会权利的多少挂钩。旅津洋人、买办商人以及旅居天津的遗老遗少和北洋政要等富有群体掌控着大量社会财富，其消费生活方式一方面借鉴西方文化，另一方面又试图保持传统“上层社会”的身份“标签”。例如天津丧葬婚礼习俗传统发生了改变，越来越注重排场和仪式感。在军阀李纯的葬礼中，仅款待亲朋的筵席一项就花费了十几万元，出殡发引时轰动天津市。其情形不亚于皇会，凡殡行街道，家家看热闹。这种富有群体追求的排场仪式感，不仅在富有群体内部相互学习、效仿、攀比，也深刻影响了生活在社会底层的普通百姓群体，成为天津传统习俗文化演进更替的重要推动力，形成了独具地域特色、富有“津味”的传统习俗文化。

本章小结

列强在划设租界之初，就规划要建设独立于中国主权之外，不同于天津旧城区的、由洋人管理和居住的西方模式城区。租界作为西方城市的缩影，在城区规划、城区管理、城区建设等方面表现出的先进性与华界形成鲜明对比，成为天津城市发展较早接触西方现代规划建设理念的地区。租界在划设之初，除奥租界外其他租界均为郊外低洼沼泽地，通过各自租界不同的城区规划、路网建设、城市水电排水等市政工程建设，租界逐渐显现出优于华界的基础设施和城区规划建设，租界区的居民逐渐增加。

租界划设之后，西方列强的官员、商人、传教士等成为租界区的最早居民。天津教案以后，随着租界环境的改变，天津经济地位的上升，数以万计的侨民进入天津淘金，侨民数量迅速增长。但20世纪以后，由于战争不断，许多华人来天津避难，特别是大量来自北京的前朝遗老遗少、北洋军阀官僚来津居住，英租界等租界也放弃了对华人入住租界的限制，从而使这一时期，租界内的华人数量剧增并成为租界区居民构成的主体，华人的数量远远超过外国侨民，在人数上成为租界的主要人群。

具体讲，租界的居民主要是由外国官员、商人、寓公、服务型人员等不同人群构成，但从等级上来说，外国官员、富商处于租界社会的最上层（由于外国官员数量较少且具有一定的交替性，所以本书没有单独进行阐述）。他们在租界社会生活中处于主导地位，代表着租界大银行家、大洋行主等富商的利益。随着战乱与社会动荡，大批富有的华人入住租界，买办、寓公、新型企业家、银行家等成为租界社会的另一富有居民群体，他们是租界赋税的主要承担者，其中一些人还成为有一定地位的管理者，但租界各项事务的管理权和决定权是牢牢掌握在洋人手中的，这是由租界的性质决定的。处于租界城区空间最下层的居民是服务型人员，他们在租界居民群体中占据相当的数量，居住在富户人家的“下房”或租界边缘区的贫民窟，过着清贫困苦的生活。

富商、买办和寓公是居住在天津租界的核心居民群体，处于社会居民结构的上层，占据着大量的社会财富，享受着西方的物质文明，他们身上同时展现着很强的经济与文化优越感。他们作为社会的上层，主导着天津城市的发展，引领着社会风尚，对今天天津城市文化的某些特质产生了重要影响。

第三章 20 世纪初河北新区建设及新区文化

1901 年,袁世凯担任直隶总督兼北洋大臣,接管天津都统衙门,实行北洋新政。当时老城厢一带已经没有发展空间,海河两岸也已经被各国列强辟为租界。袁世凯决定开发海河上游以北的区域(即河北新区),形成与租界相抗衡的局面。河北新区作为中国人在天津第一个自主兴建的新城区,在规划建设方面既借鉴了租界区的规划建设经验,也融入了诸多中国元素。河北新区以大经路为轴线,规划建设了与大经路平行的经路和与其垂直的纬路,形成方格网络格局。随着河北新区的建设,原有城区环境有了很大改观,新区内汇集了许多政府机关、学校和工厂,与之相对应,政府机关的中下层职员、教员以及工人成为该城区的主要居民。

第一节 河北新区的规划与开发

袁世凯接手天津后,借鉴了西方管理城市的方法和经验,对天津进行综合治理,并将其作为他在直隶推行新政的一部分。从此天津城市的早期现代化进入了快车道[①]。袁世凯对天津的管理和建设是全方位的，创立了巡警制度，改变了传统城市管理中的捕役、保甲制度，加强对社会的治理；在“官为商助”思想的引领下，发展天津工商业；大力兴办新式教育，培养新型人才；建设新站，重视市政建设等，这些思想的实践和集中体现就是河北新区建设。

一、河北新区的规划建设

由于老火车站处于俄、意、奥三国租界包围之中，中国官员出入不方便，袁世凯决定建设新站。1903年，位于新开河南岸与金钟河北岸之间的新车站落成。新车站建成后，以新车站为核心，规划和建设了河北新区。当年2月，袁世凯批准了工程总局制定的《开发河北新市场章程十三条》，同意批准建立东至铁路、西至北运河、南达金钟河、向北到新开河的新区。河北新区位于老城区北部偏东、北运河东侧，除了大悲院、少量民宅和其他房屋外，该区域主要是荒野、坟地和水塘。

在《开发河北新市场章程十三条》中，首先明确规定了河北新区的界址和管理机构，并限定新区范围内房地产业主在1个月内呈验字契，6个月内将一切坟墓迁出。此外，对新区内的土地实行了等价划分，土地分为3个等级，按不同的等级缴纳捐税。对新区内的房屋修建也有详细规定，限于10个月内或建造或修整房屋，其工料价每亩不能少于1000两。这个规划打破了传统城区随意建设、缺乏规划的旧模式，带有明显的计划性和前瞻性。

① 参见张华腾《袁世凯督直与天津城市早期现代化》，《史林》2017年第6期，第20页。

二、独具特色的道路网络

袁世凯担任直隶总督后，延续了都统衙门的一些税捐，为道路的修建提供了资金保障。“凡一切房铺各捐仍之不改，用作修筑马路之用，设工程处，大街通衢，均筑石子路，街巷之要者并择修焉。”“别设捐务处，征收房铺各捐，并车马、人力车均令月有捐，输为修道专款。”[①]在这种背景下，河北新区规划设计了以大经路为轴的道路网。河北新区的道路网非常有特色，堪称典范。道路的命名不仅便于记忆而且具有丰富的传统文化内涵；道路的设计以大经路为轴线规划两侧道路，平行轴线的道路为经路，垂直轴线的道路为纬线，形成棋盘一样工整的网状结构。

大经路是河北新区最早修建的一条道路。大经路首先连接了新车站与总督衙门，同时作为老城区东马路、北马路两条繁华街道的延伸，大经路沟通了海河南北两岸，连接着老城区与河北新区，向北延伸通往京师。正是由于大经路的重要性，其被确定为河北新区的轴线。整条马路笔直开阔，两侧种植着松树林，幽静整洁。道路周边先后设立了直隶洋务嗣、天津建造局、直隶学务所、天津高等审判分厅、直隶禁烟局等政府机关及教育、工业和商贸设施。

大经路周围道路的命名，是天津第一次统一规范命名城市街道。受中国传统文化启发，采用“经”“纬”两个字来取名。南北向与大经路平行的道路向北依次为二、三、四、五、六、七、八马路，向南依次为二经

① 天津市地方志编修委员会编著：《天津通志·旧志点校卷》(下)，南开大学出版社2001年版，第13页。

路、三经路、四经路、五经路、六经路。东西向与大经路垂直的则取《千字文》中选了“天地玄黄。宇宙洪荒。日月盈昃，辰宿列张……律吕调阳……金生丽水，玉出昆岗”[①]等几句。从图 3-1、3-2 可以看出，在 1903 年河北新区规划建设时，新区内建筑较少，道路较为稀少。到 1913 年时，河北新区已经形成了较为工整的道路网，新区内的建筑也在逐渐增多，并以直隶总督府为中心开始聚集，逐渐发展为天津市的政治中心。

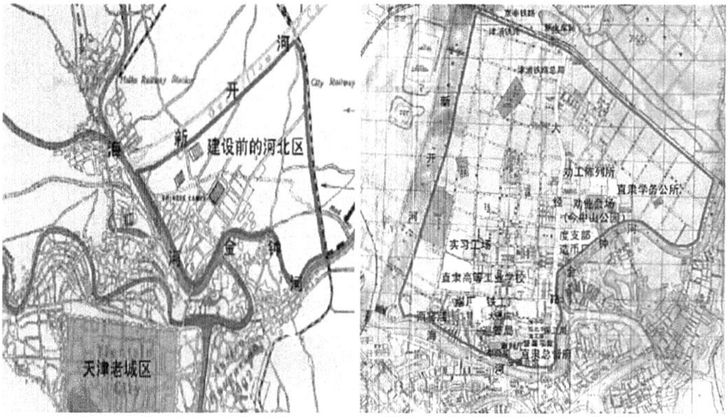

图 3-1　1900 年、1913 年河北新区图

图片来源：傅东雁：《城市近代化的缩影：20 世纪初的天津河北新区》，天津大学 2009 年硕士学位论文，第 16 页。

河北新区的规划与建设借鉴了租界规划建设的经验，如土地的等级划分、道路建设的先行以及大经路两侧建筑的安排等，但河北新区的规划建设与租界区具有明显不同，其注意到了城市的整体性和有机性。此外，随着河北新区路网的建设，在河北新区还建立了河北第一博物

---

① 何玉新：《天津往事藏在旧时光里的秘密地图》，北方文艺出版社 2015 年版，第 98 页。

院、河北省立第一图书馆、天津市立图书馆、天津市立美术馆、天津市公共体育场、中山公园等公共基础设施。河北新区的城区功能日益完善,吸引了大量政府机构、官办工厂的迁入和兴办。

第二节　河北新区的功能定位与居民构成

在北洋新政实施的背景下,河北新区的自主开发建设是我国第一次城区自主规划建设,目的是为了与租界区相抗衡。在新区设置了相对完善的城市基础设施,直隶总督府等政府机关、新式学校的大量迁入和创办的一批实业工厂,使河北新区逐渐成为一个交通便利、功能完备,商业相对发达的新城区。随着新区内居民的不断增多,河北新区形成了除工人外以中下层政府职员、教员、和知识分子群体为主的居民结构。

一、河北新区境内的官署与官员

天津作为直隶总督的行政机关所在地,具有众多的行政官署。"同光间,直隶总督兼北洋大臣复移驻于此,行署之设,规模大启,风衍遐圻,四方系观听焉。"[①]北洋新政的实施,在天津新设置了提学司、巡警道、劝业道等行政机构,天津的行政机关进一步增加。在1902年,袁世凯掌管天津后,将直隶总督府衙门设在了海防公所内。随着河北新区

① 天津市地方志编修委员会编著:《天津通志·旧志点校卷》(下),南开大学出版社2001年版,第7页。

规划建设，大量政府机关迁入河北新区，在1902年到1910年河北新区建设初期就有15所官署机构在河北新区建立或迁入（见表3-1）。特别是在"河北省之机关，自由平迁津后，增加甚多"[①]。河北省和天津市的政府机关大多数坐落在了河北新区。1925年，河北新区内的官署机构更是增加达到23个，并且以金钢桥附近最为集中（见表3-2）。1928年天津定为特别市以后，市属机构的社会局、财政局、教育局、法院等也都设在了河北新区，河北新区的官署机构不断增多，俨然已成为天津市的行政管理中心与政治中心。

表3-1 1902年至1910年河北新区内的官署机构

官署名称	设立或迁入时间	地址
直隶总督衙门	1902迁入	河北窑洼的海防公所
直隶藩司衙门		河北公园迤西
臬司衙门		河北公园迤西
北段巡警局	1902	金钢桥北
直隶洋务局	1902	李公祠旁
北洋官报局	1902迁入	集贤书院
天津建造局	1903	贾家大院旁
巡防营务处	1903	天纬路
直隶提学使司衙门	1903	河北公园旁
直隶禁烟局	1906	河北新区三马路
直隶高等审判厅	1907	李公祠旁
顺直咨议局	1909	河北公园

① 天津市地方志编修委员会编著：《天津通志·旧志点校卷》（下），南开大学出版社2001年版，127页。

续表

官署名称	设立或迁入时间	地址
直隶劝学道衙门	1910	河北新车站迤北
直隶交涉使衙门	1910	三马路
防疫局	1910	

资料来源:天津市河北区地方志编修委员会:《天津河北区志》,天津社会科学院2003年版,第66—67页。

表3-2　1925年河北新区内的公署布局

名称	地点
河北省政府	金钢桥北头
民政厅	河北天纬路
建设厅	中山公园
农业厅	种植园
天津警备司令部	河北蔡家花园
天津市党部	河北公园内
天津公安局第五分署	河北狮子林
财政厅	河北刘家花园
教育厅	公园旁觉民中学
工商厅	中山公园
天津总兵司令	河北地纬路
西区警察总署	河北大经路
西区警察总署第二分署	大悲院
西区警察总署第六分署	河北席厂
西区警察总署第三分署	河北新车站
西区警察总署第五分署	河北种植园
中区警察总署第二分署	河北关上

续表

名称	地点
中区警察总署第三分署	河北关下
消防分队第一分署	大经路
消防分队第六分署	河北月纬路
消防分队	大悲院
电报分局	河北人和里
津浦铁路管理局	河北新车站

资料来源:《简明天津游览指南》,中国图书馆藏1925年版,第6—8页。

北洋新政之后增设的行政机关基本都设置在河北新区。众多官署机构的设置,带来了大量政府职员在此居住生活。在河北新区居住生活的主要是中下层政府职员。例如据1934年天津财政局呈送的职员清册记载,科员以上职员有22人,其中11人居住在河北新区,分别是秘书局主任苏世樟、秘书陈寿枝和陈汝缓、第一科科长蒋锡韩、第一科总务股股长靖恩翰、第一科审核股股长邢福萃、第一科会庶股股长关文裕、第三科测量股股长张义昌、第四科出纳股股长王念慈、电业监理稽核股股长孙懋官。这些人都具有一定的学历,毕业于国内知名高等院校,有良好的出身和丰富的任职履历[①]。据1935年天津市政府职员录记载,市政府秘书处有职员212人,其中131人居住在河北新区;市政府教育局有职员125人,其中35人居住在河北新区;社会局有职员43人,其中10人居住在河北新区;工务局有职员80人,居住在河北新区

① 天津档案馆:市政府秘书处函为奉令开送科员以上职员衔名籍贯月薪清册,档案编号:J0054-1-001955。

的有 38 人[①]。当时租界已成为天津经济与商业的中心,而且具有更好的安全性和生活便利性,所以上层政府官员主要居住在租界内。1928年《益世报》曾报道:"直隶督办兼省长褚玉璞,前因所属文武各官员之眷属多有侨居租界者,不但经济增多,用项浩繁,且依租界为护符,人民睹此,莫不惊慌。故前已训令军民各长官转令所属,无论官佐均不得居住租界。如有不得已者,可自行辞职。"[②]政令的出台促使部分政府官员迁居河北新区。

二、河北新区内的教育机构与教员

清末"维新"和"新政"时期是天津近代教育兴起和发展的时期,在这段时间里,天津近代教育焕然一新,出现了许多新式职业学堂,女子学堂也日渐兴起,天津逐步形成了较为完整的近代新式教育体系。表3-3 统计,反映了河北新区作为北洋新政的重点实验区,在清末民初集中新建了许多官办学校。这直接带动和提升了河北新区居民的人文素质和文化底蕴,使其成为知识分子阶层聚集的区域。

表 3-3　20 世纪初河北新区学校统计

学校	创办时间(年)	位置	人数
天津陆军军医学堂	1902	河北黄纬路	

① 天津市政府:《天津市政府职员录》,天津社会科学院图书馆藏 1935 年版,第 1—80 页。

② 《租界僚属限十日内移居华界》,《益世报》1928 年 1 月 5 日。

续表

学校	创办时间(年)	位置	人数
直隶高等工业学堂	1903	黄纬路	78
长芦官立中学	1904	河北黄纬路	
天津女子公学堂	1904	河北西窑洼	68
北洋高等女学堂	1905	河北西窑洼	117
直指庵两等官小学	1905	河北东窑洼	192
图算学堂	1906	河北窑洼	
北洋女师范学堂	1906	河北督署西	72
天津县官立第一蒙养院	1906	河北窑洼	
北洋客籍学堂	1906	河北督署西	
东文翻译储才所	1906	河北大经路学务公所内	
北洋法政专门学堂	1907	河北新开河	131
天津体操音乐传习所	1908	河北大经路学务公所	
督署二等小学		院署西北	351
天津县官立第八女子小学堂		河北狮子林	50

资料来源:据《天津政俗沿革记》整理 天津市地方志编修委员会编著:《天津通志·旧志点校卷》(下),南开大学出版社2001年版,第48—54页。

三、河北新区内的工厂与工人

河北新区境内有着众多的官办和民办企业。清光绪二十四年(1898年),吴懋鼎在河北新区的锦衣卫桥创办了北洋硝皮厂,是中国近代制革业的先驱。20世纪初,在大兴工业的浪潮中,河北新区内的工厂企业不断增多,但这一时期投资兴建的工厂绝大多数是小厂,资本有的在万元以下,有的甚至不足千元。这些工厂有些维持多年也没有很大的发展,最大不过一个中型厂的规模。工厂资本紧缺,限制了其发展。例如1914年天津商务总会调查，在河北新区造军用物品的工厂，因股本不足常常停工，困难万分。啤酒公司在河北电灯房旁，出品甚佳，惜因资本小，不能购制冷机，不能大作，出品少，不能用大力出创，销售反困难万分[①]。这些工厂规模较小，工人数量不多，工人大多数选择住在河北新区，整体人口数量也不多。

居住在河北新区的工人阶层除了工厂工人外还有部分铁路工人，新火车站建设，吸引汇集了部分铁路工人在河北新区居住。1903年天津新站建成通车，1905年新车站扩建，新建了旅客候车室、售票厅、公事房、电报房等，新车站设施日趋完备。1908年，贯穿南北的铁路干线津浦铁路开工建设，该铁路的北段以天津为起点。为了配合津浦铁路，1910年天津又建成了天津西站，至此天津成为中国第一座拥有两条干线、三个车站的铁路枢纽城市，津浦铁路与京奉铁路在新站交汇。当时，津浦铁路总局也设在河北新区境内。另外，1918年由铁路同仁教育会创办的第一个铁路员工子弟中学——扶轮公学，位于河北新区吕纬路上；1931年北宁铁路局还购买了种植园，将其建造成为宁园并向公众开放，这是中国第一座铁路公园。从这些历史中我们可以看出，河北新区是天津铁路职工的主要居住地。

第三节　河北新区的合院住宅与居民生活

伴随着河北新区开发建设的不断推进，河北新区逐渐成为天津的

---

① 天津档案馆，为天津商务总会天津工业种类及状况直隶国货维持会，档案编号：J0128-2-000727-011。

政治中心。政府官署、新式学堂和工厂等机构的大量迁入或创建，使这一区域的以政府机关职员、教员和工人等为主体的居民数量大大增加。一些军阀和官商看准时机纷纷在此购买土地建造房屋，出租谋利。原来天津老城区的住宅都是独院独户的院落，面对房屋租赁市场的旺盛需求，为了使房屋建设快速完工，房地产开发商放弃了过去传统独院独户的建筑模式，在借鉴西方联排住宅建设经验的基础上，开发形成了独具天津住宅特色的合院里弄。

一、河北新区的合院住宅

天津河北新区的居民住宅，一般是砖墙会顶的“三合院”或“四合院”。三合院一般是三间上房，两侧厢房各两间，可以住祖孙三辈。四合院是四面都有房，可以容纳更多的人口。能拥有独门独院的三合院或四合院非常不容易，这是许多天津普通市民多年梦寐以求的事情。在河北新区的建设中，和利、宝兴、东兴三大房地产公司与军阀、买办、绅商等争相购地，建公馆、花园，盖民房，在这个过程中出现了合院式里弄。合院式里弄是天津独有的居民建筑，它由华商统一建造经营，出租给城市中下层居民，大体上保留了北方传统合院的基本格局，但受西方联排式住宅影响，进行了密集性模块化开发建设。将若干个分户合院并联建造，形成大规模住宅区，有的甚至占满整个街区。如东兴里占地约两公顷，每个院落正房三间，厢房三间或两间，正房与两侧厢房之间各有耳房一间，每户都是小小的三合院[①]。这种建筑充分体现出中西

① 参见杨秉德主编《中国近代城市与建筑1840—1949》，中国建筑工业出版社1993年版，第95页。

融合的建筑特色。

二、合院住宅里居民的生活状况

天津河北新区住合院与合院式里弄的大都是高等学校教师和中下层政府官员,他们依靠薪资生活,生活较为节俭。但是20世纪20年代中期以后,受政治形势影响,市民生计异常艰难,物价飞涨、金融紊乱,以致"一般人民生活度日,倍感困苦。"①

清末,政府中下层官员、学校教员等人群大都受过良好教育,有些还有国外留学的经验。在1933年对天津市政府秘书处暨所属各局职员出身统计表中,可以看出具有国外大学或者专门学校学历的28人,占职员总数的6.3%;受过国内大学或者专门学校教育的达到180人,约占总数的41%;受过中学教育的150人,占总数的34%②。天津是近代留学人群回国工作主要选择的城市之一。早在李鸿章在天津主持洋务运动时,就吸引了国内许多留学生来津工作,洋务运动开展过程中,各局厂的开设,水师学堂、电报学堂等多所洋务教育机构的设立,为西方学术思想和时务知识在天津的传播提供了空间。当时活跃于天津的洋务人士绝大部分都是获有功名的文人,他们重视英文、讲求算学,但仍保留着传统士大夫的生活习性和交往方式。受洋务运动的影响,天津本地的文人学士关注领域发生变化,开始讲求西学,他们与留洋归来

① 《津埠生活状况之调查》,《大公报》1926年12月2日。

② 天津市政府统计委员会:《天津市统计年鉴》总务类,天津社会科学院图书馆藏,1935年,第7页。

的洋务人士一起，共同构成了这一时期天津新知识群体。[①]

表3-4　1933年天津市政府秘书处暨所属各局职员出身统计表

教育程度	秘书处	财政局	教育局	社会局	工务局	总计
国外大学或专门学校	15		4	1	8	28
国内大学或专门学校	77	43	9	7	44	180
中学	50	52	11	17	20	150
小学	9	7	1		6	23
其他	6	22	6		7	41
未详	3		15	1		19
合计	160	124	46	26	85	441

资料来源：据《二十二年天津市政府秘书处暨所属各局职员出身统计表》整理天津市政府统计委员编：《天津市统计年鉴》，1935年。

20世纪初，天津作为北洋新政的实践中心，非常重视招揽新式人才，留洋学生是活跃在天津军政领域的重要人群。在20世纪初留学潮的影响下，官方曾多次向日本派送留学生。这些留学生和受过新式教育的知识分子群体具有较为强烈的爱国心，主要聚集在政府机构和教育机构云集的河北新区。从事政府职员、新式学堂教习与教员、北洋实业工厂的技术人员等职业。

在清末民初社会，官僚阶层人数众多，内部等级森严[②]。天津作为北洋新政的中心，是中央机关、省级机关和市级机关所在地，拥有较为

① 参见田涛《洋务时期天津的新知识群体》，《天津师范大学学报（社会科学版）》，2016年第1期，第5页。

② 李明伟：《清末民初中国城市社会阶层研究（1897—1927）》，社会科学文献出版社2005年版，第120页。

发达的城市工商业，吸引了众多外地人才前来天津求职。

> 天津自开辟商埠，倡行新政以来，需人即多，薪俸尤厚，久为官吏附膻逐腥之场合。袁杨相继又专以位置闲曹，为大庇亲朋之快举，坑满谷满，无所事事，然莫不高车驷马，洋楼高拱，姬侍满前，氍毹博塞相竞胜，酒食征逐相纵乐，其所入之丰裕，亦概可见矣……向日各省官吏皆视调赴北洋无异登仙，咸思得北洋一席地，为买田宅，长子孙之基本，以官场之拥挤，莫北洋。[①]

居住在天津河北新区的主要是中下层政府职员，据《天津志略》记载，坐落在天津的中央机关都位于租界区，河北省和天津市的政府机关主要是在河北新区，这里中下层政府职员人数众多。例如坐落在河北新区的河北高等法院，检察人员有 26 人，职官系统人数 139 人，共计 165 人；天津地方法院的职官系统人数是 204 人[②]。

这些中下层政府职员相比工人群体而言，拥有相对较高的薪资，生活较为安定，但收入参差不齐，差距较大。自 1901 年开始，清政府开始针对政府官员薪俸较低的问题进行改革，新成立的巡警部、学部等部门职员的薪俸都有所增加。新政时，各省主事者又逐渐提高了官员的薪水。到北洋政府时，更是大幅度提高了政府官员的薪俸并建立起较为完整的官僚薪俸制度。行政官分为九级，简任文官的月俸分为三级，最多每月 600 元，最少每月 400 元；推荐文官的月俸分为九级，最多每月

---

① 《论天津官场反对减薪》，《大公报》1912 年 6 月 13 日。

② 《天津志略》，天津市地方志编修委员会编著.《天津通志·旧志点校卷》（下），南开大学出版社 2001 年版，第 139 页。

360元，最少每月200元；委任文官的月俸较少，每月最多150元，最少每月50元。技术官员的薪金比同级的行政官一般要高[①]。1929年天津市政府秘书处函为奉令开送科员及以上职员衔名籍贯月薪清册记载，局长的月薪为450元，秘书、科长为200元，一般职员则为120元、100元、80元、70元不等[②]。

官员的薪金在当时是比较高的，正是因为这个原因，做官也成为人人羡慕的职业，他们的收入较为稳定，日常生活呈现出一定程度崇尚西方的趋势。1930年《大公报》记者曾对市党部两位居住在河北新区的女助理职员做过调查，月薪最高的60元的职员，穿着蓝灰色方格呢旗袍，足履黑色皮鞋，鬈发两披，举止娴静，笑容可掬。月薪最低的35元的职员，对工作感到异常厌倦，但是生活所迫，又不能不工作[③]。而对教育局民众补习学校教务主任的调查显示，"她月薪100元，除了工作，早上有时去看早场电影，下午带孩子到公园里走走，或是出去买买东西，看看朋友"[④]。

袁世凯对公教人员即官办学校的执教群体也实行了高薪制，对北洋医学校调查显示，"本国教员，其担任国文者，月薪106元，担任洋文者每月薪200余元，访他校担任此课者，月不过100元"[⑤]。根据徐潘学静女士的回忆，她家在"大经路宇纬路宇泰里深处"，是"一所两进前后院子的青砖四合院"，是"租住的房子"。一进大门是前院，"有两间平

---

① 《中央行政官官俸法》，《政府公报》1912年第169期，第12—15页。

② 天津档案馆：市政府秘书处函为奉令开送科员及以上职员衔名籍贯月薪清册，档案编号：J0054-1-001955。

③ 《津市职业的妇女生活（八续）市党部的两位女职员》，《大公报》1930年2月26日。

④ 《津市的职业妇女生活（六续）》，《大公报》1930年5月3日。

⑤ 《北洋医学校报告书》，《直隶教育界》1913年第4期，第2页。

房，都给帮佣住的，还有堂屋，堂屋中央挂有孔子的像”。“进了里院儿，就有东西厢房，是我们的起居室，还有一间书房，是父亲办公读书的地方”。徐潘学静女士的父亲是北洋高等政法专科学校的教授，业余兼当律师，是1920年前后天津市议会议员①。

生活在河北新区合院里的政府职员、学校教员及知识分子群体，他们依靠薪俸生活，生活比较稳定清苦，但有时也会出现生活难以为继、沦落为贫民的情况。当有灾害发生或者发生战争时，政府职员和教员往往会被“减俸”或要求“捐俸”，甚至会出现薪水因难以发放而被裁员的情况。“外省则虽素号富庶之帮，而各局员薪俸率皆支半欠半”②。新政期间建立了大量的政府机构，招募了众多官员和职员，再加上受战争频繁等因素影响，老百姓的负担不断加重，导致公职人员的薪俸难以按期足额发放，薪资欠支严重，许多中下层官员和教员的生活出现重大变故，有的甚至迁入贫民区，成为贫民中的一员。

本章小结

1901年袁世凯担任直隶总督，推行新政，发展商贸。由于火车站处于俄、意、奥三国租界的包围之中，中国官员出入不便，于是修建了新火车站。并以新火车站为中心，规划建设了河北新区。河北新区作为中国人第一个自主规划建设的新区，是中国近代化进程中城区建设的

① 徐潘学静：《九十年的回忆》，上海书店出版社2012年版，第3页。

② 张枬、王忍之编：《辛亥革命前十年间时论选集》第三卷，生活·读书·新知三联书店1960年版，第630页。

试验田。建设过程中不仅借鉴了租界的规划建设经验，而且融入了诸多中国文化元素，形成了具有中国传统文化内涵的道路网络和街区，创建了天津独有的住宅建筑合院里弄。昔日的城郊农村逐渐变为繁华的街市，“厢街狭窄，历年开辟。有旧时村庄今与城市相连。相沿日久，直以为街市之名。”[①]

随着河北新区的开发建设，大批政府机关、学校和工厂的迁入，使新区成为天津的政治、文化和教育中心。城市中的人口也不断向河北新区聚集，这里成为政府中下级职员、教员和知识分子群体的聚集地。这些群体代表了社会前进和发展的方向，他们的薪金相对丰厚，日常生活呈现出一定的西化趋势，但仍保留着士大夫阶层的某些特质。尽管生活相对稳定，但社会动荡和自然灾害发生时，他们仍然会遇到生活难以为继的情况，有沦落为城市贫民的可能。

① 《天津政俗沿革记》，天津市地方志编修委员会编著：《天津通志·旧志点校卷》（下），南开大学出版社1999年版，第10页。

第四章　华北灾民难民涌入与城市文化空间扩展

在历史上,中国是一个自然灾害多发的国家,“我国灾荒之多,世界罕有”[①]。特别是到了近代,天灾人祸相互叠加,各种自然或人为因素造成的灾害更多,导致其影响后果更为严重。“1912—1949 年是一个旱涝灾害频繁的时期,据不完全统计,全国共发生 65 次大水灾,受灾面积达 5502 万公顷,受灾人口 3 亿多,死亡人口 430 万人”[②]。其中,“黄河中下游的华北地区是全国水灾最为严重的区域之一。据统计,民国的三十多年中,黄河就有 16 次溃决”[③]。再加上连年的战争,华北地区产生了许多灾民难民,他们流离失所,无家可归涌入天津后在天津定居,转化为市民。他们主要居住和生活在城市边缘的贫民窟、三不管地区以及周边乡村中。他们的到来扩展了城市空间,使城市的边缘不断向外延伸。

① 邓云特:《中国救荒史》,生活·读书·新知三联书店 1958 年版,第 1 页。
② 高文学主编:《中国自然灾害史(总论)》,地震出版社 1997 年版,第 366 页。
③ 高文学主编:《中国自然灾害史(总论)》,地震出版社 1997 年版,第 370 页。

第一节 近代天津灾民难民的主要来源和数量

相对乡村而言，经济社会发展水平较高的城市拥有相对完善的市政基础设施、相对稳定的政局态势和相对丰富的就业机会，这些都使城市成为灾民难民难逃难最理想的地区。天津作为华北地区传统的工商业中心，便捷的水陆交通使大量的华北灾民难民涌入天津，这部分人口伴逐渐成为近代天津外来移民人口的主要来源。

一、华北地区的灾民难民

据相关资料统计，民国时期华北地区水旱灾害的发生频度都小于2，平均不到两年就发生一次水灾或旱灾[①]。以河北地区的水灾为例，在民国38年间，有水灾记载的年份就有33个，特大水灾年5个、大水灾年5个，中等水灾年4个，其余则为局部水灾年。平均每三年就发生一次上等级的水灾[②]。再加上虫灾、风灾、冰雹、台风、地震等自然灾害轮番发生，华北地区成为我国自然灾害的重灾区，几乎年年有灾害，岁岁有灾民[③]。

---

① 王晓卿：《20世纪华北地区的水旱灾害及防救措施研究》，中国农业大学2005年硕士论文，第14页。

② 池子华、刘玉梅：《民国时期河北农业灾荒研究》，《近代中国的乡村社会》，上海古籍出版社2005年版，第75—76页。

③ 据李文海等《中国近代十大灾荒》附录统计，华北地区每年都有灾荒，只是大小、规模和受灾程度不同。

(一)华北地区几次大的自然灾害与灾民

在不同的历史时期，华北地区所指代的范围略有变动，本文所指的华北地区在行政区划上包括河北、山东、河南、山西四省和京津两市。华北地区的自然灾害频繁是由多种原因造成的。近代对华北地区影响较大的几次自然灾害是：

1. 1853 年水灾。“河决丰北两载，至是年春始行堵合，苏、鲁二省饥民遍野，饿殍塞途。夏间，丰工复溢，黄水直灌微山湖，漫入运河，苏北、山东连续三年遭水。京师及直隶地区夏秋间淫雨不止，永定河、子牙河、北运河、卫河先后漫溢，80 余州县被灾。”①

2. 1876 年—1879 年华北五省旱灾。这次旱灾山西受灾最为严重，按照山西巡抚曾国荃的说法，“赤地千有余里，饥民至五六百万口之多，大祲奇灾，古所未见”②。河南同样受旱灾，灾情与山西约略相同，报灾八十余州县，饥民五、六百万人，草根树皮剥掘殆尽，冻馁而亡者不可胜计③。直隶总督李鸿章也在信中称：“直境旱灾较晋、豫稍轻，然亦数十年所未有。”山东巡抚文格奏称，“土脉干燥，二麦未经播种者其他甚多，而省之西北各州县为尤甚”④。

3. 1890 年京津水灾。1890 年北京、天津地区发生过一次空前大洪水和大内涝。“津间自五月晦日淫雨连绵，至六月初三、四日大雨倾盆，

---

① 李文海等著：《近代中国灾荒纪年》，湖南教育出版社 1990 年版，第 307—308 页。

② 李文治编：《中国近代农业史资料》第 1 辑，生活·读书·新知三联书店 1957 年版，第 741 页。

③ 李文海等著：《近代中国灾荒纪年》，湖南教育出版社 1990 年版，第 370、375 页。

④ 李文海等著：《近代中国灾荒纪年》，湖南教育出版社 1990 年版，第 384 页。

夜以继昼，几如倒泻银河，津城内外倒塌房间多于恒河沙数，津之四郊尽成泽国者”[①]。

4.1917年天津地区水灾。1917年7月中旬以后，华北地区普降暴雨，各河洪水决堤，尤以大清河、子牙河为最。京广铁路以东，京山铁路以南，邯郸以北受灾最重，保定、天津为重中之重。蓟县（今蓟州区）水灾，宝坻县决口38处，武清县（今武清区）重灾洪水、沥水连成一片，宁河县（今宁河区）重灾，静海县（今静海区）全境大水。天津自1917年8月中旬，北运河、大清河决堤，已淹及河北大街一带。8月24日通夜努力无效，警钟乱敲，浊流袭来，海光寺一带水深1.8米，今河北路水深1.5米，和平路水深1.0米，25日水势涨停。据各商民报告损失册档案记载，天津受灾的商户共计2200余户，损失银两12123662.48两。[②]受灾情况：京兆19县，重灾7县，轻灾11县；直隶107县，重灾34县，轻灾52县，无灾21县，应赈灾民434.2万余人[③]。

5.1920年旱灾。这次酿成山东、直隶、河南、山西、陕西等五省的重大旱灾，规模空前，是继光绪初年“丁戊奇荒”以来“40年未有之奇荒”[④]。从1919年下半年到1920年，华北地区遭受了长时间的干旱，导致1919年严重歉收，1920年的秋季作物几乎颗粒无收，给直隶、山东、河南、陕西和山西五省造成严重饥荒，受灾地区面积145000平方英

---

① 天津市文史馆编：《天津文史丛刊》第6期，天津文史研究馆1985年版，第206页。

② 天津档案馆：天津河北五万余户灾民各区图，档案编号：J0128-2-002939-070。

③ 海河志编纂委员会编：《海河志·第四卷》，中国水利水电出版社2001年版，第298页。

④ 邓云特：《中国救荒史》，生活·读书·新知三联书店1958年版，第31页。

里。据保守的估计，受灾人口大约为 2500 万人[①]。据本年 11 月北洋政府内务部赈务处统计，此次北方各省受灾县共 340 个，灾区面积约 2712700 余方里，其中京兆 17 县，直隶省 86 县，河南省 77 县，山东省 21 县，陕西省 75 县[②]。

6. 1928 至 1930 年西北、华北大旱。这次大旱以陕西为中心，涉及整个华北地区以及甘肃、绥远、察哈尔、热河等 15 个省，与旱灾相伴的还有虫灾，在有水灾的地方还伴有雹灾，多灾并发，持续时间长久，从 1928 年一直延续到 1930 年，大约有 1000 万饿殍倒毙在荒原上。河北省水旱灾交替，民无宁日。据统计，"全省一百二十九县，1928 年被灾九十二个，九千三百七十八个村；1929 年被灾一百一十七个县，一万零八十八个村；1930 年被灾七十余县，四千余村。山东省先是旱灾、蝗灾，继而黄河决口，水旱相煎，灾民累计 1000 万以上"[③]。

华北自然灾害频发，产生了数量巨大的华北灾民，灾民的数量和规模呈不断上涨之势。据统计，1912 至 1937 年华北四省的灾民总数达到了 2.36 亿人，年均受灾人数 9089970 人，详见下表。

表 4-1　1912—1937 年华北四省受灾人口统计

年份	河北（直隶）灾民人数	山东灾民人数	河南灾民人数	山西灾民人数
1912	1400000			

① [英]雷穆森著，许逸凡、赵地译：《天津租界史（插图本）》，天津人民出版社 2009 年版，第 256 页。

② 《赈务通告》第六期，1920 年 12 月 26 日，《公牍》，第 37—39 页。

③ 李文海等著：《近代中国灾荒纪年》，湖南教育出版社 1990 年版，第 169、183 页。

续表

年份	河北(直隶)灾民人数	山东灾民人数	河南灾民人数	山西灾民人数
1915	433000			
1917	5611759			
1920	18819635	7488000	11461791	4569497
1921		540045	1833061	
1922		3000000	750000	
1924	1500000	2000000		
1925		2170000	3500000	
1926		1267000		
1927		9238234		
1928	6000000	5000000	4011666	6017897
1929	2000000	7284723	15471422	5975826
1930	1738584	4106031	13116115	2103013
1931	2374000	5000000	8974864	
1932		431658	14804621	364366
1933	709910	1774019	830647	491813
1934	30000000		750000	500000
1935	1280000	3500000	3722610	
1936		10000000		
1937	100000	1557400		1000000
合计	65306888	61657110	79226797	30022412

资料来源：据夏明方：《民国时期自然灾害与乡村社会》，中华书局 2000 年版，附录第384—394 页整理。

(二)华北地区的战争与难民

除了天灾之外，人为的战争是造成人口锐减和人们逃亡的又一重要原因。近代以来，外国侵略者发动的侵华战争、农民起义此起彼伏，民国时期，军阀割据，战乱不断。近代以来发生战争的省份不断增多，1912 年至 1930 年间，中国历年发生战争所涉及的省份数明显呈逐年增加趋势，在最初的 1912 年仅有 1 个省份发生战争，而到了 1930 年战争则覆盖了 16 个省份[①]。在这些战事有相当一部分发生在华北地区，尤其是 20 世纪 20 年代以后，华北成为各派系军阀混战的主要站场。

战争对人民的日常生活产生了重大影响，带来了巨大灾难，战火所及之处，百姓家破人亡，流离失所。为了躲避战乱，人们不得不四处逃避，因而，产生了大量难民。“而京畿一带，间岁一乱，损伤尤甚。加以前岁之饥馑，民生困苦，益不能堪……不谓直皖之战事方终，奉直之风云又起。哀我蒸民，何不幸之若是也。昨闻长辛店迤南之南岗洼，有数十乡民，结队逃避。”[②]对于第二次直奉战争，冯玉祥曾指出，“此项战祸渐兴，糜烂至十余省，骈殉军士以累万计，耗费军需以累百万计，各被难人民以累千万计。至其间直接间政府、国民因战争影响而受之损失，更不可以数字计”[③]。

二、华北地区灾民难民的离村与流向

马斯洛的需求层次理论认为，生理需求是人最基本的需求。突如其来的灾难和战争，在很短的时间内摧毁了人们赖以生存的基本物质条件，直接威胁着人们的生命，为了生存，满足最基本的生理需要和安

① 王鹏：《民国初期山东流民问题研究》，四川师范大学 2011 年硕士论文，第 37 页。

② 《哀战地之灾民》，《大公报》1922 年 4 月 30 日。

③ 陈长河：《从档案看 1924 年第二次直奉战争》，《军事历史研究》2003 年第 4 期，第 109 页。

全需要，人们只得离开故土，寻找能够生存之地。

（一）华北地区灾民难民的离村

在灾荒的威胁下，灾民难民被迫从习惯的生活轨道转移。他们失去了田园家产，无以为业，生活毫无着落，为了谋生，只好颠沛流离，漂泊异乡。例如 1920 年左右，冀鲁豫三省的离村率达到了 3%～22.8%[①]。迁移或逃荒，成为灾民难民一种求生的基本方式，特别是对于占有耕地少，生活贫困的中下层农民来说，离开故乡逃荒几乎成了暂时性谋生的第一选择。法国学者魏丕信曾提出，中国在发生生存危机时的许多现象与其他国家出现的现象是相似的，但“只要面临饥饿，或仅仅是担心会遭受饥饿，人们即随时准备外逃，这可能是中国在危机状况下最独特的场面”[②]。

我们虽然不能说每一次大的自然灾害都会产生大量的灾民离乡，但是随着自然灾害的日趋频繁，灾民的数量和规模呈现不断增长的趋势，尤其是重大的自然灾害再遇上兵匪的祸乱，灾民难民的离乡则成为一股不可遏制的潮流。正如一首《荒年歌》[③]里所唱的那样：

正月旱到九月半，水井河渠全枯干。
遍地光秃草不见，村村户户不冒烟。
老人饿死在家园，儿童饿在沟壑填。

---

① 李文海等：《中国近代十大灾荒》，上海人民出版社 1994 年版，第 185 页。

② ［法］魏丕信著，徐建青译：《18 世纪中国的官僚制度与荒政》，江苏人民出版社 2003 年版，第 32 页。

③ 李天培：《陋室杂糅》，华夏出版社 2013 年版，第 38 页。

剩下男女因壮年,东奔西走逃外边。
到处死人一大片,十室九空断人烟。

就华北地区而言,灾民难民的流动尤为突出,其中影响较大的有1920年华北五省旱灾,1928年至1930年的西北华北大旱。1928年大旱时,“鲁省频年荒歉,民食维艰。今岁夏、秋,亢旱已久,继以螟蝗,迭接各区函电,并面述苦状,咸称此次灾祲,远被四十余县,失所者达四百余万人”①。“年来各省天灾人用,相通而来者以山东为最甚呈仁人试到河北新车站,一观候车难民。当见囚首垢面携儿带女者,每日多辄逾千,少亦数百,鱼贯登车,凄怆就道。据警察局统计,一月之间,已过五万”②。

战争对农民的流动离乡有直接影响,为了避免战争的祸害,人们往往舍家弃业外出避难。“此次直奉战事。战区蔓延数百里。京西京南,饱受炮火轰击。此次村庄名成中原,人民之流离伤亡,不堪言述。北京公益联合会及各慈善团纷纷要请。除颁发之赈款十万外,再请设法周济。安置各区灾民。”③

“即津东宝坻、宁河、永遵十属,数十万灾民现处直鲁败军包围蹂躏求生不得求死不能,倒悬待解之一问题也。查直鲁军队、军纪毫无。孤人之子,淫人之妻,抢掠民财,种恶劣行焉,较奉军焉尤甚。自贼张东窜,津浦沿线饱受其祸,其逗留于杨柳青等村也,不

① 《救济鲁省灾民》,《大公报》1928年2月16日。
② 《山东灾民之慰安与救济》,《大公报》1928年4月15日。
③ 《酝酿中政府之善后会议》,《大公报》1920年5月11日。

过七八日耳，而昼夜焚掠，十室九空，使一般无辜之同胞，流离载道。”①

(二)华北灾民难民的流向

对于多数灾民难民来说，谋生是他们离乡后寻找去处的首要考虑因素。在家乡所遭受的饥饿和恐慌是他们离开后需要解决的首要问题。因此，他们在地域选择上首选由经济落后地区流向经济发达地区，由人口密集地区流向人口稀疏地区，由社会动荡地区流向社会安定地区。因此，工商业相对发达的城市、地广人稀的东北、西北地区以及相对安定的农村就成了灾民难民理想的逃生地。

农村是难民的主要来源地，大部分难民是无家可归的农民。自古以来，由于农民自身所掌握的社会资源有限，绝大多数农民面对灾难时能够整合利用应付灾难的资源也受制于自身能力，每当诸灾并临之时，农民总是首当其冲地受到伤害。他们赖以生存的生产资料主要是土地，一旦农民无法从土地上获得应有收入，就会有沦为灾民和难民的危险，战乱、天灾使这一现象更为严重。天灾频降，兵匪劫掠，外国农产品涌进与倾销，使农民所得还不够完纳租税、偿还债务，农民“只得往城市投奔，穷苦的农民更不得不向被穷苦人视为天堂的都市乞食逃命。”②1933年事业部中央农业实验所对农民的离村去向做了调查，详细记录了当时农民离村的去向，从表4-2可以看出，华北四省农户的离家去向

① 《津东十二县灾民不堪直鲁军蹂躏盼》，《大公报》1928年6月22日。

② 傅纲：《农村的破灭与都市的腐蚀》，《生活》1933年第8卷第35期，第702页。

主要有城市、别村和垦区。其中去往城市的农户最多,河北为63.8%、山东为54.2%、河南为59.4%,一半以上的离村农户都外出流向了城市,而且离村到城市逃难和谋生的占了相当比例。这些外来受灾人口大量涌入城市,客观上促进了近代城市人口增加和城市空间规模的扩大。

表4-2 农户全家离村之去处所占之百分比 %

省份	到城市				到别村			到垦区开垦	其他
	逃难	做工	谋生	住家	逃难	务农	迁居		
河北	15.4	24.3	17.8	6.3	6.0	18.1	5.0	5.1	2.0
山东	11.7	22.3	13.9	6.3	8.5	17.3	5.7	7.7	6.6
河南	20.9	16.8	12.3	9.4	8.8	16.3	6.8	5.2	3.5
山西	11.8	21.1	17.6	9.1	5.2	19.5	7.9	5.1	2.7

资料来源:《全家离村之去处所占之百分比》,《农情报告》第7卷第4期,第177页。

特别是大的灾害之后,城市很快成为灾民难民的"蓄水池"。对灾民难民来讲,城市里有收容所及教养院之类的社会救助机构,还有粥厂(场)施粥,更容易获得生存,免受饥荒。因此,城市能够很快成为容纳规模不等的灾民难民潮的蓄水池,一时间城市人口过度膨胀,人满为患。在1928—1930年西北、华北大旱中,"今年华北灾情之重,为历史上所无,调查北平1处,贫民已达20余万"①。"山东自民国十四年来,兵匪为患,蝗旱成灾,继以五三惨案,人民流离失所,饿殍载道,情形之

① 《北平灾民达二十余万》,《大公报》1928年10月7日。

惨，为空前所未有。济南为首善之区，灾民麇集，多至 6 万余人”[①]。

三、大量华北灾民难民涌入天津

天津作为中国近代北方较大的工商业城市，有着较为发达的工商业和慈善救济机构，相对更加容易谋生，自然也成为华北地区灾民难民的理想汇集地之一。“一到天津就算有了盼望，逃难携女缕缕的行，车子推，筐子盛，破锅灶，乱麻绳，一个个衣服褴褛乱发蓬蓬，脸黄肌瘦”[②]。

(一)华北灾民汇集天津

每次大的自然灾害后，都会有众多灾民来津避难，1890 年水灾，各处灾民逃至天津露宿，天津城附近高地及城西土堤之上者约 2 万人[③]。1917 年水灾后，众多灾民纷纷拖家带口进入天津，以致来津灾民无法安排，“灾民其妇女较多实无安插之地，昨已拟定将南三分驻所操场丈量建筑房舍以资救济灾黎云”[④]。到 11 月，“房屋之倒塌者百万家，人民之流离者奚止数百万，即以天津一埠而论，来避水者已达十二万人”[⑤]。

1920 年华北五省大旱，不仅有山东省乐陵、无棣等县的灾民，还有河北省河间、献县等众多附近县市的灾民来天津避难。为了避免难民

① 《山东慈善社灾民移垦报告书》，《大公报》1930 年 2 月 26 日。

② 李琴湘：《灾民叹》，《社会教育星期报》1921 年 4 月 3 日。

③ 天津市人民政府建设委员会编印：《海河及其洪水》，天津社会科学院图书馆藏 1955 年，第 27 页。

④ 《安插灾民之筹备》，《大公报》1917 年 8 月 29 日。

⑤ 《北京天津基督教水灾赈济会致全国基督教徒公启》，《大公报》1917 年 11 月 4 日。

流离失所,天津警察厅呈请省长转咨山东省省长令所属各县知事禁止难民进入直隶省境内,但仍有大量灾民难民进入天津[①]。据警察厅义赈会统计,"直隶附近之灾民前往天津者至十五号止,共有二十万人之多,其中有转往奉天、营口、大连以及口外各处者约有十八万人之谱,现存天津方面实有 2 万人"[②]。

(二)华北难民涌入天津

一旦有战争发生,华北地区的难民就会大量进入天津避难。为了避免难民流落街头,困苦不堪,也为了维护城市的秩序和安定,天津官方和民间救济组织做了大量安置和救助工作。在 1920 年,直皖战事后各战区居民困苦难言。天津曾在河北省公署后设一战后灾民救济处。天津红十字会专门派人赴小站接运伤兵,"昨日已由海晏小输运津,在法国桥下泊岸。随由该会派人将妇孺三十余名,送往南开学校妇孺救济会内寄养,伤者、病者二十余名,均送该会医院疗治,其甚伤者十五名,送往教养院收留云"[③]。

第二次直奉战争之后,直隶督办公署在新车站外设立了山东灾民临时招待处所[④]。6 月份,近来因时局紧张,四乡居民,多以天津为安乐窝,纷纷向本埠逃避,昨日上午十点钟,河东小关大街,有大车多辆,满载难民,情形颇为狼狈,据闻系由北乡梅厂等处逃来云[⑤]。后来,因四

① 参见《禁止邻省难民入境》,《大公报》1920 年 9 月 18 日。
② 《灾民确数》,《大公报》1920 年 9 月 19 日。
③ 《小站难民运津》,《大公报》1920 年 7 月 31 日。
④ 参见《北五区署照料灾民》,《大公报》1928 年 3 月 21 日。
⑤ 《北乡难民纷纷来津》,《大公报》1928 年 6 月 6 日。

乡难民之来津者络绎不绝，收容所原定七八处，但至昨日各处均将人满，来者亟待救者，犹源源不绝[①]。6 月 11 日红十字会收容队前日下午在宜兴埠、朱唐庄、孙庄子、赵庄子、杨庄子等处招集难民一千余人、于昨晨来津、分派各收容所居留……又红十字会前昨两日平添设收容所多处，收容所也增至十七处[②]。红十字会天津分会，以淀北一带难民过多，虽于日前接来八十余车，尚有灾者甚伙，特于日前派办事员三名，带大车十八辆，至下午七点余满载而归，分送各收容所留养。并闻于明日赴津东各处接运难民云[③]。大量难民聚集，天津红十字会留养所已增至 27 处，依然人满为患，收容所的数量还在不断增加[④]。后来，“红十字会第十六收容所分设华林茶园及华林后身某某两宅，共计一千零人，楼上下均挤满。昨日午后三时，尚有来避难者六七十人”[⑤]。对这次难民虽没有具体数字统计，但从救济的过程和收容所的数量，可以看出来津难民之多。另外，1937 年华北地区烽火连天，大批难民云集天津，“天津难民达三十万众，饥饿难忍，无家可归”[⑥]。

（三）河北灾民难民流入天津最多

河北省境内分布着很多河流，如北运河、南运河、子牙河、大清河和永定河，这些河流呈辐射形，总归宿地就是天津境内的海河。永定河因

① 参见《收容所里难民悲啼》，《大公报》1928 年 6 月 8 日。

② 《红十字会收容难民》，《大公报》1928 年 6 月 11 日。

③ 《淀北大批难民来津》，《益世报》1926 年 6 月 21 日。

④ 《红十字会继续收容难民》，《大公报》1928 年 6 月 12 日。

⑤ 《难民收容所慰问记》，《大公报》1928 年 6 月 22 日。

⑥ 《中华民国红十字总会三年来总报告》，中国第二历史档案馆档案，全宗号 476，卷号 3198。

泥沙沉积严重,经常泛滥成灾。“永定河的危害最烈,因为沉淀物多,河水浑浊;所以永定河又名浑河……世界大河流,像永定河河水含百分之十的沉淀是罕有其匹的,就是水中沙土有滹沱河、南运河这样多的,也就很难得了。”[①]河北省作为近代中国灾害频发地区,受灾情况较为严重。1856年、1857年、1858年,永定河接连漫溢,永清、固安、广平等州县水淹。1867年至1875年,永定河连续九年漫决,滹沱河、大清河同时涨满,一片汪洋。1883年至1898年的十几年时间里,永定河又多次决口,顺直地区造成大面积水灾,“被灾之深,情形之重,为数十年所未见”[②]。

海河水系将天津与河北的命运紧密地连接在了一起,河北省受灾将会直接累及天津,民国六年,河北又告水灾,“被水者五十余县,殃及津沽”[③]。河北与天津众多河流相连相通,在陆路交通不甚便利的情况下,坐船或乘舟来津逃难成了河北灾民难民的选择之一,这在历史资料中多有记载。例如1920年旱灾后,“警察局第一区警察署长吕富文代雇民船二十四只,计装送难民男女大口七百七十九名、男女小口六百零九名,均系河间、献县、文安、霸县、吴桥、深县、景县、南皮、青县、静海、盐口、庆云等县昨已呈报警务处备核云。”[④]河北地区受灾后,天津会积极参与赈济。“近以联军沧城东南布置防线,各乡村妇孺逃避无所者甚多,因城厢附近设立妇孺救济院10余处,就近收容,甚为完善,此外又

---

① 黄泽沧:《中国天灾问题》山西人民出版社2014年版,第20、21页。

② 水利水电科学研究院编:《清代海河滦河洪涝档案史料》,中华书局1981年版,第570页。

③ 黄泽沧:《中国天灾问题》,山西人民出版社2014年版,第43页。

④ 《护送难民回籍候赈》,《大公报》1920年10月17日。

派救济队，分赴各乡，帮助收容”[①]。

根据20世纪30年代对天津地毯业、织布业、针织业和纺织业的调查表明，在纺织业工人中，天津籍工人数只占全部工人总数的19.66%，而外籍人口即移民占全部工人总数的80.34%。其中来自河北省的人口最多，占全部外省工人的71%，占全行业工人总数的57.07%。在1933年对天津市政府秘书处暨所属各局职员籍贯统计中，籍贯为河北省的职员占48%，籍贯为山东省的占8%[②]。1933年天津市各自治区自治人员籍贯比较图也反映出，河北籍自治人员最多，达到18025人，其次是山东籍自治人员1088人，再次是北平籍自治人员180人[③]。这些数字证实了在这一时期天津城市居民主要来源于河北、山

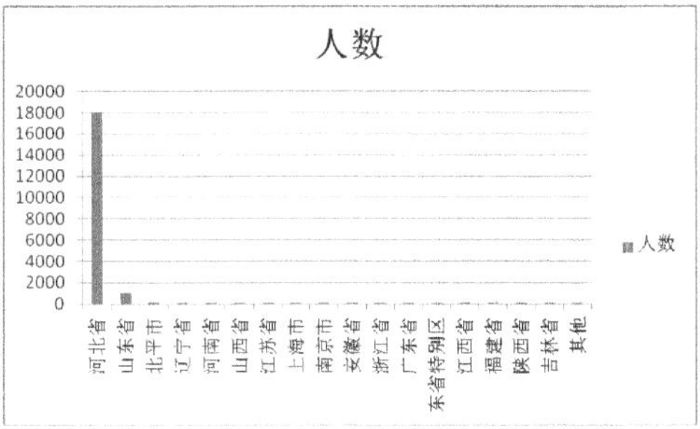

图4-1　1933**年天津市各自治区自治人员籍贯比较图**

图片来源：自绘，据《天津市各自治区自治人员籍贯比较》，天津市政府统计委员会编：《天津市统计年鉴》，1935年版。

---

① 《沧县红会收容妇孺》，《大公报》1928年5月18日。

② 天津市政府统计委员会：《天津市统计年鉴》，《天津市政府秘书处暨所属各局职员籍贯统计表》，天津社会科学院图书馆藏，1935年。

③ 天津市政府统计委员会：《天津市统计年鉴》，《天津市各自治区自治人员籍贯比较》，天津社会科学院图书馆藏，1935年。

东等地。在天津各行各业人员构成中,河北籍移民占据了绝大多数。当时天津城市工商业的发展根本无法吸引和容纳这么多外来移民,他们主要是因逃避自然灾害或战争而来,留居天津后逐渐成为城市居民的。

四、其他地区来津的灾民难民

除了华北地区的灾民难民大量汇集天津外,由于交通运输的逐渐发展,江南、东北以及俄国的一些灾民难民也纷纷到天津避难谋生。这些灾民难民的数量相对华北地区进入天津的灾民难民来讲要少得多。在 1931 年,曾有一些南方灾民坐乘津浦线抵津,《大公报》曾记载,“江淮大批灾民,经由津浦路陆续运津”①。在 1931 年日本入侵东北之后,许多东北难民入关回原籍,天津作为东北难民入关的重要途经地之一,汇集了东北众多难民。这些难民大部分被遣送回原籍,一小部分则因种种原因,留在了天津。“经市社会局通盘计划,其南下回籍者,大部分已陆续由津浦线遣送过鲁,其一小部分留津者,并送西广开难民收容所,供给食宿,赶筹出路,总计一个月来,由关外到来难民九千九百余人。”②

另外,天津还出现了俄国难民。“俄国自经政变,人民纷纷出境,然因无政府之国片,谋生匪易。不但无人救济,甚且捐为过激,以故逃往各地之俄人衣食缺乏,狼狈不堪,完全成为难民。即天津一隅,竟两千人之多。”③

① 参见《冀急振会昨议决》,《大公报》1931 年 9 月 6 日。
② 参见《社会局定明日结束收容难民》,《大公报》1931 年 10 月 25 日。
③ 参见《天津俄绅救济难民》,《大公报》1923 年 6 月 23 日。

五、华北地区灾民难民涌入天津的原因分析

近代大量华北灾民难民进入天津，是由多方面原因造成的。这其中既有地理区位和气候的原因，也有天津城市本身的原因。天津有着良好的慈善救济传统，是北方较大的工商业城市，具有较强的吸附力，再加上天津拥有便利的水路和陆路交通等，这些因素都使天津成为华北地区灾民难民的重要汇聚地。

（一）天津特殊的地理区位

天津地处华北平原东北部，北依燕山，西靠太行山。发源于这两条山脉间的数百条河流呈扇形汇集到天津，经海河流入渤海，故天津素有"九河下梢"之称。海河水系处于季风带，冬季严寒，夏季酷热多雨，再加上有时候受西南太平洋海面台风的影响，华北地区时常会产生强烈的降雨，降水量大而集中。

从地图上看，海河水系上游像树枝，呈枫叶状，其中永定河、南运河、大清河、子牙河、北运河等是其主要支流。这些支流将天津与华北地区紧密相连，北运河连接了天津与通州、永清、香河一带；大清河、子牙河将天津与河北中南部相连；海河则是连通天津周边咸水沽、葛沽、小站一带的主要水道。同时天津是贯穿南北的航运重镇，明清时期就成了北方最为重要的漕运码头和货物集散地中转站，在南粮北运的同时，京杭大运河也将天津与运河沿途的沧州、德州等众多城市联系在了一起，沟通了天津与北京、河北、山东、江苏和浙江五省市之间的人员和物资。这些便捷的河道为难民到天津聚集提供了方便，灾民难民极易乘船等沿河路而下，来津避难。

（二）天津本身具有强大的吸附力

天津是北洋新政的试验地，袁世凯等人在天津创办了许多近代企业，大力振兴了天津的实业经济，在许多行业都开启了畿辅风气之先。伴随着工商业的发展，天津逐渐成长为我国北方重要的制造业基地和商业中心，民间有“要想发大财，快到北洋来”的谚语。天津经济的发展吸引着大量流民来津谋生创业。对于灾民难民来说，天津工商业的发展，为赈灾和救济提供了经济基础，使灾民难民更加容易获得救助，无论乞讨、粥场就食还是寻找临时的职业，都要比在农村地区更容易。

同时天津地处畿辅之地，距离北京只有100多公里，是华北区域内距离首都最近的城市，也是除北京之外的第二大北方城市，拥有良好的社会救济慈善传统及相对可靠的经济支持，相对于其他城市而言，天津更容易获得救助和帮扶。因此，华北地区的灾民难民特别是直隶省的灾民难民，一旦遇到大的自然灾害或战乱，首先就会逃往天津避难。相对华北地区的其他城市和地区而言，天津拥有更好的赈济举措，也曾成为其他地区和城市效仿救助灾民难民的典范。施坚雅认为“赈济饥荒工作的质量……在区域范围上存在区别，即在大都市区域最高，距帝国首府最远的区域最低，而且，在区域的核心区也较边缘地带为高”①。

（三）铁路交通运输的便利性

20世纪20年代以后，随着现代铁路、轮船、公路等公共交通设施

---

① [美]G. W. 施坚雅著，王旭译：《中国封建社会晚期城市研究——施坚雅模式》，吉林教育出版社1991年版，第15页。

的出现，提高了灾民难民流动的可能性和便利性，为近代难民汇聚天津提供了便利的交通服务。每次大的灾难之后，交通运输部就会制定优惠灾民难民的乘车政策，以便利灾民难民流动和外出谋生。例如 1920 年，"凡某县灾民赴外省谋生者，由县知事造具清册载明某人赴某处，派警备交送至车站，由各站长加挂车辆运往，不收车费，以示嘉惠穷黎。[①]"现代交通设施的出现在一定程度上打破了原有人口迁移的地理限制和区域界限，使灾民难民流动的规模越来越大，流动范围不断延伸扩展。

1888 年，唐津铁路建成，后来不断延伸修建，向东至山海关，向西至北京，向北至沈阳，后来改称为京奉铁路。唐津铁路直接沟通了天津与东北的联系。天津成为华北地区通往东北的重要通道，每逢灾害年份，大批灾民难民从河北、山东等地逃往东北"闯关东"，但途经天津时，许多灾民难民不得不留了下来。

以天津为北端的津浦铁路，在北站与北宁铁路交会，向南与南京、上海等城市相连。到 20 世纪初，京奉、京汉、正太、京张、津铺等铁路的建成通车，初步搭建起贯穿南北、东西的铁路网，天津成为北方陆路交通中心。天津通过铁路"可由陆路北经满洲、西伯利亚以与欧洲相接联；而南可经首都以与亚洲商务中心之上海相接联。又平绥、平汉路及正太路大部分之运输，均赖天津聚散场所"[②]。铁路网的构建不但扩大了天津所处区域的经济腹地，也为河北、山东等省的灾民难民来津提供了便利。《大公报》车站纪事中多处记载了难民乘火车来津的现象，火

① 《灾民乘车办法》，《大公报》1920 年 9 月 23 日。

② 《天津志略》，天津市地方志编修委员会编著：《天津通志旧志 · 点校卷》（下），南开大学出版社 2001 年版，第 290 页。

车已成为灾民难民迁徙搭乘的主要交通工具。

(四)对灾民难民救助的传统

天津是一个有着悠久慈善公益传统的城市，天津人“无论贫富，见义必为，饶有古遗风”[①]。天津作为一个移民城市，五方移民杂处。各地移民到达天津后，只有互相帮助才能更好地生存，这形成了天津人热情好客、乐于助人、豪爽仗义的性格。《津门杂记》中曾这样记载，“津郡素称善地，人情急公好义，官绅所立善堂不胜枚举凡周恤穷黎，无微不至。推广皇仁，而功德莫大焉。[②]”

第二节　大量灾民难民丰富了天津文化的构成

大量华北地区灾民难民涌入天津，灾难过后，由于受安土重迁思想观念的影响，他们随时准备回乡。为了维护城市的秩序和安定，城市的管理者大都会出资、雇车遣灾民难民返乡。但是有相当一部分灾民难民由于灾荒已一无所有，无处可去，返乡已无法继续生存，只能选择留在天津。并且灾民难民在天津得到了较好地救济和帮助，特别是伴随着近代慈善事业发展，慈善组织不仅安置灾民难民、给予食物，而且传授技艺，兴办贫民工厂，实行以工代赈等。这些救济措施使灾民难民留在天津、谋得一份职业成为可能。有的灾民难民见证了天津城市生活

---

① 《天津志略》，天津市地方志编修委员会编著：《天津通志旧志 · 点校卷》(中)，南开大学出版社 2001 年版，第 316 页。

② (清)张焘：《津门杂记》(中卷)，天津社会科学院图书馆藏，第 1 页。

的繁华与舒适之后，他们的传统观念发生了变化，已经不愿意再返乡，城市的生活对他们产生了巨大吸引力。总之，由于种种原因，大量灾民难民留在了天津，逐渐融入天津社会生活，成了天津的常住人口。这些灾民难民的到来即满足了天津城市工商业发展对劳动力的需求，又使城市人口大量增长和城市空间不断扩展。

一、灾民难民的遣返与留居

有学者提出，"进城求赈的灾民、难民、饥民，只是'匆匆过客'，一当灾难过后，他们随时准备回归原乡"[①]。但事实并非如此，虽然灾害过后遣返了许多灾民难民回乡，但还是有一些灾民难民留在了天津，并逐渐转化为天津的常住人口，日积月累，构成了天津庞大的贫民阶层。

(一)灾民难民的遣返

每次大的自然灾害过后，天津城内都会聚集大量灾民难民，灾难一过，特别是到来年的春季，都会出现大量遣返灾民难民返乡耕种的情况。例如"在1917年水灾之后，天津水灾救急会对文宿、永固等县被灾难民一百余户，每大口给粮一斗五，小口给七升半，并物华、恒利施洋二百四十元，作为路费代雇大船数只，于6月5号早安插上船令其回籍"[②]。"文霸等县难民来津乞食，业经李星北、刘渭川、邱曙容、张冠卿施给粮食洋元令其回籍一事，乃于9月5号早经水上警察巡长陈善代雇大船三只，装载难民三百余人送经文霸及杨芬港回原籍"[③]。"在

① 池子华、朱琳：《中国历代流民生活掠影》，沈阳出版社2004年版，第125页。
② 参见《送邻县灾民回籍》，《大公报》1917年9月6日。
③ 参见《载送各难民回籍》，《大公报》1917年9月7日。

1920 年旱灾之后,警察厅义赈会特备钱粟施给河间、献县、武邑、武饶等众多县的难民,分别水陆送回原籍,以免流离失所”①。在自然灾害或战争过后,政府常常会登报发布消息,告知在天津的各地灾民难民,如果愿意回原籍耕种而没有路费的可以到各区报告,政府代雇车船遣送回籍。在原籍候赈,以免流落外乡②。

当然,在战争过后,往往会出现一部分灾民难民自愿返乡耕种农田。“津郊各部驻军,已继续开驻外县,所有距津三十里内避难来津之难民,因大田待种,已有一部分北洋大学所收容者扶老携幼,相率返乡”③。对于那些没有资金,难以返乡的难民,在无力管理的情况下,一些活跃的社会慈善组织则会出钱资助难民返乡。如世界红十字会天津分会曾资送山东、河南、江苏三省难民程在安等五十余人回籍,除由该会发给路费外,并承津浦铁路管理局驻津办事处特准免费验证放行④。铁路方面也会给以优惠或免票帮助难民返乡。“平奉路局于本年春间运送大批直隶难民,出关觅食,关外气候日寒,而该路交通,又已统一,因拟仿照历年办法,加开小票车,以便各归故乡,面示体恤,闻本月底或下月初,即可实行开始”⑤。

(二)灾民难民留居天津的不同情形

1. 灾难的频发,迫使灾民难民只能留住天津

由于灾民难民涌入天津的数量非常多,再加上灾难频发,使得地方

① 参见《义赈会施给灾民》,《大公报》1920 年 9 月 17 日。

② 参见《筹定赈抚来津各灾民办法》,《大公报》1920 年 9 月 29 日。

③ 参见《一部份难民回里》,《大公报》1928 年 6 月 27 日。

④ 参见《红十字会遣送难民回籍》,《大公报》1928 年 8 月 27 日

⑤ 《路奉平拍恢复小票车以便难民回乡》,《大公报》1928 年 11 月 16 日。

政府对灾民难民的遣返显得有些力不从心。“屡接天津来信，均言各粥厂收之难民现欲尽遣回籍，乃去者尚未起程，而来者又已麇集，大有应接不暇之势，地方各官均属无法再行资遣，唯有添设粥厂仍行收养而已。”①而且被遣返后因为某种原因又回到天津的灾民难民也大有人在。“警察厅以本年亢旱成灾，难民流离失所，逃难来津者，络绎不绝，业令各区分驻所雇船派警护送回籍候赈。惟灾重区，广而复来者仍塞满街巷。”②“询悉去者自去，来者仍来，间有思家心切，急急遄返，而以淀北各村，满驻军队，故去后当日仍折回者有之，次日复来者有之。”③

2. 完善的救济，使灾民难民不愿离去

面对大批涌入天津的灾民难民，官方、商绅、慈善团体、外侨团体等都积极救助，从物力、人力等各方面给予帮助。灾民难民进入天津后，官方和各慈善团体往往会对其进行安置，建立临时性收容所，搭建席棚和窝铺，设立粥厂，在天气转冷后还会分发衣物。例如，“南关下头汇文学校南面空地上设有难民窝铺一处。该处共有窝铺一百零三间，分列四行，皆面南向阳。其形为道士帽式……铺之右侧有厨房一处，讲演棚一处所，汇文之师生每日均往讲演，铺前左右两侧有男女厕各一处，环窝铺之四周，均植电杆木架线而通电灯，布置颇为周到。共约七百人，皆妇孺居多。此项难民每日由窝铺供给三餐，早晚小米各一顿，唯午餐为饭；均由难民轮班自煮。此外关于难民之卫生事宜，则有妇婴医院，及中西女学人员相助一切……关于教育则有该校教职员为之担任，除前述之每日讲演外，每星期二并映照幻灯影片，以资娱乐……其办法之

① 《论救灾不能尽泥古法》，《申报》1878 年 5 月 3 日。
② 《护送难民回籍候赈》，《大公报》1920 年 10 月 17 日。
③ 《难民收容所慰问记》，《大公报》1928 年 6 月 22 日。

完善，得未会有，故各难民均欣然色喜而乐不思蜀云。”①

3. 天津工商业较为发达，给灾民难民提供谋生的机会

天津是我国北方较大的工商业中心，相对其他城市而言拥有更多的工厂和商铺，同时天津拥有九国租界，租界内聚集了大量富有人群，这都意味着天津能给灾民难民提供更多的生存机会。“城市需要廉价劳动力用于开动纺纱机或拣选烟叶，或用于制造火柴、面粉、罐头食品、水泥和其他批量生产的商品的工厂之中。这些通过新建的铁路和汽船而能够得到的就业机会为那种封闭的农民生活提供了另外的选择。”②甚至特别设立难民工厂救助难民。1932 年，“东北难民救济处以东省同胞，先后逃来平津避难，情形极为惨苦，特拟集资在平津设立救济东北难民工厂，收容东北难民男妇老幼，给予衣食，分别工作，得免穷无所归。”③

4. 官方政策宽松，已不再强制灾民难民返乡

大量灾民难民移居天津与民国当局开放的人口政策密切相关。“中华民国人民无论男女，在市区域内继续居住一年以上，或有住所达二年以上，年满二十岁，经宣誓登记后，为各该市之公民。”④这个居民户籍政策为灾民难民转变为市民提供了极为有利的条件。地方政府已不再强制灾民难民遣返，他们不仅对灾民难民进行登记、送入收容所、陈报户口、发给赈济，甚至代为寻找工作，谋出路。“旦尚尔法者挺余一

---

① 吉长：《参观天津难民窝铺记》，《生活》1933 年第 1 卷第 24 期，第 147—148 页。

② [美]费正清、赖肖尔著，陈仲丹、潘兴明、庞朝阳译：《中国：传统与变革》，江苏人民出版社 1992 年版，第 449 页。

③ 《救济东北难民》，《大公报》1932 年 11 月 7 日。

④ 天津市经济调查会编：《天津市自治调查》，石城书局 1934 年版，第 11 页。

百八十余人，系璃无处投者。社会局除已成立贫民收容所，由所供给宿睹，俾度过寒冬后，再贷技法，或代觅工作，或代寻出路。”①

5. 其他不可控因素，使一些灾民难民只能留在天津

天津是山东、河北和河南等地众多灾民难民出关，赴东北谋生的必经之地，但在“闯关东”的过程中往往会出现一些不可预知的因素，迫使灾民难民不得不滞留下来。例如“难民出关受阻，昨又有难民无数搭免价车赴奉，尚在无可安置之际。日前忽然接到奉省本电谓，出关难民带有疫症，请勿令再行出关，以免传染云。闻山海关有难民数百人，已被奉警察厅派员拦阻。曹省长已令天津警察厅将来难民妥为安插，勿令再行出关致被拒绝。”②樊彬的一首诗也记载了难民滞留天津的情况，“今年河伯怒，禾黍游鱼龙。欲适乐郊去，全家赴辽东。关吏不放出，嗷嗷成哀鸿。再复还乡里，路远囊已空。”③

二、灾民难民留居天津的数量

每次自然灾害和战争后，对留在天津的灾民难民没有具体的统计，但对一些特别大自然灾害后天津灾民的数量有所记载。1917 年水灾之后，“赈济会调查灾民之总数：58 处统计难民男 15299 人，共女 16379，共老 4030 人，共幼孩 19691 人，总统计男女老幼 55399 人”④。到 11 月份，据直隶灾民灾后卫生局调查，36 处共计灾民 27661 名，此

---

① 《来津东北难民》，《大公报》1931 年 12 月 11 日。

② 《奉天拒绝难民入关》，《大公报》1920 年 9 月 4 日。

③ （清）《续天津县志》·卷十九，《艺文》（四）。

④ 天津档案馆编：《天津地区重大自然灾害实录》，天津人民出版社 2005 年版，第 44 页。

较上同减少五分之二,大半由当局发给赈款各归原籍。1920年旱灾之后,警察厅对逃荒到天津的灾民户口及窝铺数目进行了调查,据统计城区内灾民5526户,男女大小共计29059口;四乡共计4769口,男女大小共计22271口。城乡各区界内灾民,总计10295户,男女大小共51330口①。到1921年南开窝铺灾民已达7万人②。

"直省频年战乱,人民流离失所……上年国民军占领天津,难民之陆续来津者,前后不下数万人,嗣战事稍定,虽多数回乡,但留津者仍不少。街头巷尾,妇孺老弱,几乎触目皆是。"③由此我们可以看出,大的灾难过后很多灾民难民选择留在天津,而不是返乡。一时间天津城市人口剧增,天津城市居民构成状况也发生了巨大变化,城市贫民数量大大增加,构成了天津贫民阶层。

三、灾民难民与天津城市阶层文化

(一)灾民难民带来了天津城市人口的剧增

在《天津政俗沿革记》中指出,天津户籍的增多,一方面是由于"咸、同初,泰西诸国逾越洋海,通商互市,工作运输,异乡来者渐伙";另一方面则是"复会内地岁多饥馑,违匮安丰,乃民性之常,于是人无愚智,路无远迩,离乡越国,扶老携幼,遂不期而俱萃,而户口则林林极望矣"④。

---

① 《赈灾中各方面要讯》,《益世报》1920年11月15日。

② 《难民民移垦黑省》,《大公报》1921年1月30日。

③ 吉长:《参观天津难民窝铺记》,《生活》1933年第1卷第24期,第3—4页。

④ 《天津政俗沿革记》,天津市地方志编修委员会编著:《天津通志旧志·点校卷》(下),南开大学出版社2001年版,第25页。

可见,天津城市人口的增加,既有天津商贸发展吸引大量移民到来的原因,而灾民难民的汇集则是天津城市人口剧增的另外一个重要原因。

近代是天津城市人口增长非常快的一个时期,1903 年天津市人口统计数量是 64,693 户,326,552 口,至 1937 年,两项数字都有所增加,达到 237,608 户,1,132,263 口,其中户数增加约 3.6 倍,口数的增加 3.5 倍。[①] "在这一时期市区扩大给天津市人口带来的数量之增多,与人口自然增殖的负增长所造成的人口数字之减少相比,差距不大……人口的迁入即移民人口的增加是天津人口增长的主要原因。"[②]

(二)天津城内贫民阶层的数量大量增加

华北地区大批灾民难民涌入天津,增加了城市贫困人口的数量。灾荒、战争剥夺了灾民难民原有的物质生活基础,房屋被毁,土地被迫典卖,在被逼无奈的情况下他们不得不外出逃荒,来到城市。但在城市中他们没有技术,没有资本,难以找到工作,许多人沦为乞丐,只能依靠社会和官绅的救济艰难生存,成为城市中最为贫困的社会底层。"本年直省水灾情形重大,灾民百方求活甚至质妻贩子,以图一饱。而富家殷户,竟至逼迫贫民典押田地,盘剥吞没,惨不忍闻。……继以兵燹,所有灾民,无计谋生,势处绝境"[③]。"无肖贫民,溥徒津门者实居多数,谋生无路,衣食无资,困苦情形,不堪言状,隆冬冰天雪地,啼饥号寒之苦,尤非耳所能忍。"[④]

---

① 参见高艳林《天津人口研究(1404—1949)》,天津人民出版社 2002 年版,第 93 页。

② 高艳林:《天津人口研究(1404—1949)》,天津人民出版社 2002 年版,第 98 页。

③ 《救济各地灾民之办法》,《大公报》1925 年 1 月 18 日。

④ 《冬赈救济会为灾民请命》,《大公报》1926 年 12 月 10 日。

1928 年,据天津市社会局统计,全市共有贫民 95,700 余人。社会局由此估计赤贫户有 10 万户,约占 48 万户居民的 1/5①。1930 年,据社会局调查报告,全市贫民 30 余万,占全市人口的 1/4②。1931 年,因前方战事,各县灾民连日来津避难者甚多,天津的贫民户数达到 70,266 户,明显多于 1930 年的 47,918 户③。1934 年 3 月天津市各慈善机关施放冬真赈完毕后,据三特区和公安局联合调查,天津县、市两处贫民合计 357,336 人与全部人口成 5 与 1 之比,即 5 人中有 1 人贫苦无告之同胞④。

第三节　灾民难民聚集区的形成与城区文化空间扩展

由于官方或民间慈善机构对灾民难民的集中性安置即(窝铺的集中建设),导致灾民难民不断向此聚集,从而逐渐形成具有一定规模的灾民难民聚集区——贫民窟或棚户区,典型的有谦德庄、南开洼、新开河附近、地道外、东局子等区域,这些区域后来被划入了城区。

一、天津传统慈善文化的发展

天津的慈善机构种类繁多,数不胜数,如近论河北,远论全国,天津

① 参见天津特别市社会局编印:《天津特别市社会局一周年工作总报告(1928.8—1929.7)》,天津社会科学院藏 1929 年,250 页。

② 参见《彻底救济贫民》,《益世报》1930 年 10 月 28 日。

③ 参见《社会经济凋敝贫民数量与午俱增》,《大公报》1933 年 1 月 9 日。

④ 天津市经济调查会:《天津市自治调查》,天津市经济调查会 1934 年版,第 86 页。

的社会公益和慈善事业都首屈一指。面对大量涌入城市的灾民难民，天津地方政府、绅商和民间慈善团体从资金、物质和人力等各方面积极行动，赈济灾民难民，建立灾民难民收容所，搭建窝铺和茅屋，对灾民难民进行安置，以免其流落街头。

(一)难民灾民收容所

近代，虽然完善的救助制度尚未建立，但是大量官方救助机构和民间慈善团体纷纷出现，其以多种方式，积极参与社会救助，使天津市的赈灾能力有很大提升。到 20 世纪 30 年代，据《天津志略》记载，天津市官方的救济机构有：天津特别市立第一贫民救济院、天津特别市妇女救济院、天津济良所、育婴堂等；常年性的民间救济机构和团体有：广仁堂、崇善东社、北善堂、济生社、积善社、引善社、广济补遗社、公善施材总社、公善抬埋社、中国红十字会天津分会等。

这些慈善机构和团体齐心协力安置众多流浪街头的灾民难民。首先在各自常设的收容机构和场所安插灾民难民。1929 年，天津特别市政府将天津教养院与游民收容教所、贫民工厂合并改组为“天津特别市立第一贫民救济院”，成为天津当时最大的灾民难民收容机构。后又增设收容总所、河北收容所。1932 年天津特别市立第一贫民救济院改名为“天津市立贫民救济院”，并在今河北区天纬路设分院。在民间的善堂和慈善机构，每届冬令和遇灾年，会设置粥暖厂或临时收容所，收容灾难民、贫民和不能御寒之乞丐、游民①。如 1933 年战事之后，据调查

① 参见天津市地方志编修委员会编著《天津通志 · 民政志》，天津社会科学院出版社 1999 年版，第 290 页。

各处收容难民之数如下:红十字会 1546 人;慈善会 1630 人;基督教救济会 1964 人;红卍字会东局子 500 人;唐家口收容所 3000 人;黄十字会北洋大学 1261 人;小王庄临时收容所 1213 人;棚外尚有难民 4823 人。每日施放 2 餐,为窝窝头稀饭,佐以咸菜、各处收容所、难民饭食、均系一律[①]。可见,各慈善机构和团体在难民的安置中发挥了重要作用,其本身也发展成为难民收养的重要机构。

表 4-3 1933 年天津收容机关概况

收容机关名称	机构性质	所数(所)	收容人数(人)		
			本所内共计	最多时	最少时
天津市市立贫民救济院	市立	1	4435	2221	1232
天津特别市妇女救济院	市立	1	105	82	62
长芦育婴堂	长芦盐商捐助经农业有市款辅助	1	147	125	117
战区难民收容所	天津市慈善事业委员会及红十字会天津分会合办	1	5573	24000	17
战区难民收容所	中国红十字会天津分会	5	1855	885	2
广仁堂	苏皖浙三省绅士成立	1	334	334	332

资料来源:《天津市收容机关概况表》,天津市政府统计委员会编:《天津市统计年鉴》1935 年版。

① 参见《逃津难民有家归不得》,《大公报》1933 年月 6 日。

在大的自然灾害和战争面前，仅仅依靠常规的收容机构是难以解决灾民难民的居住问题的，因此官方组织和慈善机构团体积极搭建和寻找临时性的灾民难民收容所，对灾民难民进行安插，与此同时修建窝铺和草房，以避免灾民难民流落街头。1917 年水灾发生后，据天津基督教水灾赈济会 10 月份的调查，天津河北、西沽、城内、西头和租界等地的难民收容处达到了 58 处[①]。1928 年战乱期间，仅天津红十字会就设立难民留养所 27 处。一时间寺庙、学校、公所、会馆、宣讲处和一些文化娱乐场所都成了灾民难民的容身之处。这些灾民难民收容所大多数只是暂时性的，灾难一过就会遣散灾民难民，但也有些保留了下来。常设的收容机构，大多都位置比较偏僻，在其周围有大量的灾民难民。收容所的设置也会吸引灾民难民等在此汇集，在收容所的附近特别是常设收容所的周边往往会成为灾民难民的聚集点，并逐渐形成灾民难民聚集的村庄，有的收容所则直接转变为灾民难民聚集地。

（二）窝铺的集中建设

除了设置和寻找难民收容所之外，官方组织、各慈善机构团体或慈善家还常在宽阔地带或灾民难民聚集的地方组织搭盖成片的窝铺或席棚，形成了一片片的窝铺区，这为后来成规模灾民难民聚集区的出现奠定了基础。窝铺一般是由少量木料或庄稼秸秆、芦苇等支撑起来、顶部成圆形拱状的简陋住所，因其非常低矮、狭小、简陋，天津人将其称为“窝铺”。

1917 年，全省警务处处长杨以德，指出现因他县灾难民陆续抵津，

① 《本埠新闻》，《大公报》1917 年 10 月 14 日。

见其多,唯恐流离失所,昨已勘西头娃娃庄地方旷野,拟建筑草房三百间,以资安插逃津难民[①]。到10月份已竣工和未竣工的灾民安置处下:"中五区界砖草房六十四间,叉窝铺六百间;西二区界窝铺五百间;西三区界窝铺二百间;西四区界窝铺三百二十六间;西五区界窝铺三百间;北三区界窝铺四百间;新车站席棚二百十间;大总统盖窝铺五百五十间;中总署自办窝铺四百间;曹五爷助窝铺五十间;美国红十字会助一千五百间(特别第一区一千间);上海旅沪同乡会助一千间(在子莊子);大纶绸缎庄助八十间(理北区界内);防疫处朱先生助八十间在北区界内;李杨二绅在北五区界内铁道外盐陀地方拟盖五百间已盖成二百间;基督教捐助五百间又添盖一千间。共计砖草房六十四间,席棚二百一十间,窝铺七千六百八十六间总共八千五百三十六间。"[②]1920年,"邑绅李宝诚以各县逃津灾民均在西南隅一带搭盖窝铺,在特别一区建筑平房数百间以资安插灾民而襄善举"[③]。"周馥鉴于灾民之苦况,心焉悯恻特发慈心,在新车站附近建造五百个高铺招灾民四五千人"[④]。这些成片的窝铺区是城市贫民居住区最早的雏形,到20世纪二三十年代,贫民区的空间区域格局已经基本形成。

二、成片灾民难民聚集区文化空间的形成

明清时期,由于交通的原因,天津的灾民难民大多居住在空间狭小、交通不便、环境较差、人口居住较少的城墙内外和西门等区域。19

---

① 参见《杨处长安插灾民》,《大公报》1917年9月11日。

② 《关于筹赈之种种》,《大公报》1917年10月23日。

③ 参见《赈灾声中近闻汇志》,《大公报》1920年10月22日。

④ 《赈灾事宜汇志》,《大公报》1920年12月15日。

世纪中叶，伴随天津开埠和租界建设，天津城市人口快速增长，加之后来大量外来逃难人口流入天津后，城区空间结构和布局发生了结构性变化，边缘区进一步被拓展，空间界限渐趋分明，逐渐形成了反差强烈的富人区和贫民区。

(一)主要的灾民难民聚集区

1917 年水灾后，天津开始出现大面积的贫民聚居区，这与水灾后官方组织和民间慈善机构团体广建窝铺区直接相关。窝铺区的建立解决了灾民难民的居住问题，吸引了许多灾民难民到窝铺区聚集。“本埠特别第一、第二区域内之灾民皆纷纷迁动席棚，为之一空。察其去踪，有领得赈款回乡里者居多数。其余房屋圮墟无家可归者，悉迁于营门外及新车站附近等处。闻该处有新建房舍许多间，足可以避风雪。”① 1917 年水灾后逐渐形成的贫民聚居区有多处，其中面积较大、对城市空间布局影响较大、较为著名的主要有谦德庄、地道外、新开河河岸等处。

1. 谦德庄聚集区的形成

谦德庄位于英、德租界以南，1917 年水灾发生后，文安、大城、静海等县被灾的农民在地势较高的小刘庄郊区汽车站附近落脚。当时有红十字会赈灾，每户发给一块银圆、一袋面，并搭盖窝铺，让灾民栖身。转年春天，有的灾民返回家乡，有的则就地谋生，流落到谦德庄，成为该地最早的居民。

谦德庄的土地原属于天津有名的富户“李善人”和天主教会崇德

① 《大水灾近事汇志》，《大公报》1917 年 11 月 12 日。

堂。“李善人”家在李家花园的西北角，盖了南北两排200多间一人高的土坯房，租赁给灾民们居住，也有灾民在附近窝铺聚集，于是这一带开始成为居民居住点。灾民难民开始向这一地区汇集。“前晚(1928年5月19日)到有难民三百余人，有乘大车者、有步行者，扶老携幼，惨不忍睹，因来时天色已晚，故在该庄附近露宿。”①

2.地道外聚集区的扩充

地道是指老龙头火车站地道以外的地区，泛指沈家庄、王家庄、郭家庄和旺道庄等一带。据《津门保甲图说》记载，这四个村庄仅有182户、929人，在当时天津四乡中属于人口稀少地区。这个地区人口迅速增长，是在1892年京奉铁路修筑之后。铁路、火车站与东货栈的修建，占用了大片土地，迫使当地居民向铁路以外的沈、王、郭、旺四个村庄迁移，导致该地区人口首次出现迅速增长。1917年水灾后，“第二区公安里内张寓即公同委汝钧、张汝清两人，始终经理其事择地天津北区郭庄，招匠建筑草房式窝铺二百间，定名为公济窝铺”②。此后，常年灾害和战争，导致灾民、难民源源不断迁入。《大公报》曾记载，“河东郭、王、沈、旺、姚五村，向为旷野荒郊，坟塚乱葬。近今人烟稠密，房舍栉比，原有义地，愈形洼下，臭水淹没，白骨熏蒸 。既于卫生有碍，复不壮于观瞻……窃查河东郭家庄、王家庄、沈家庄、旺道庄、姚家台等五村，昔年之居民，仅有千余户。旋因俄意奥租界，开展路线、购地拆房，以致各界人民，纷纷移于五村之内。迄今户口已增至二万余户，人数已达二十余万之多。凡有五村阔僻，坑洼各地，经业主叠垫铺高，均筑房间，已成间

① 《大批难民来津》，《大公报》1928年5月21日。

② 《天津公济窝铺办理经过之情形》，《大公报》1918年10月18日。

阎栉比。”①

天津东站与东货场之间原本没有地道，郭庄子一带人口剧增之后，人们只有从小石门及栅栏外穿越铁道通行，交通极为不便，行人被火车轧死、轧伤的事件时有发生。几经周折，1923 年才将地道修成。因此郭庄子等村有了“地道外”之称。从 20 世纪 20 年代到 20 世纪 30 年代，地道外开始如北京天桥、南京夫子庙般发展，包罗万象，因此有“新三不管”之称。到 20 世纪 30 年代末，地道外的范围大约已经有几十亩，住户人口加工商业从业者有数 10 万之多，大多以苦力为生。“地道外”也成为天津有名的贫民汇集之地。在《天津志略》中曾有如下论述，“义冢荒野不数年而易为极稠密之街市，逼近老车站之洋灰洞，其先导力固宜归京奉铁路之员司工人，而居民之努力，亦有足多也。”②

3. 南开洼聚集区的形成

南开洼是天津最大贫民区之一，其原本是老城南一处低洼地，范围大体上北起西南城角落，南至南开中学，东起南开大街，西到蓄水池一带。1917 年水灾之后，由警察厅发起组织的水灾急赈会，在老城南地势较高处盖了三百间窝铺安顿灾民③。以后来这一地区的灾民难民不断增多。1920 年旱灾之后，各县灾民来津者多集南开及炮台村一带，搭盖窝铺数千间，约住灾民二万数千人④。华洋义赈会曾于 1920 年底，对南开区窝棚进行了三次调查，从 11 月 24 日到 12 月 25 日窝铺数

① 《河东五村请迁义地》，《大公报》1923 年 7 月 3 日。

② 《天津志略》，天津市地方志编修委员会编著：《天津通志旧志点校卷》（下），南开大学出版社 2001 年版，第 107 页。

③ 参见《关于水灾之种种》，《益世报》1917 年 10 月 1 日。

④ 参见《赈灾事宜一束》，《大公报》1920 年 12 月 27 日。

从 5275 增加到 7462 处，居住窝铺人数比原来增加了 10000 多人[①]。该地区居民大量增加，也引起了地方官员的注意和重视，天津警察厅杨敬林厅长曾提出近以南门外西南开洼一带，地面开辟，人烟稠密，为维持治安起见，曾拟在该处添设南区第六分署，以便管理地面[②]。随着居民的增多，贫民区的范围也不断扩展。20 世纪 20 年代以后，南开学校附近的西广开也成为天津著名的贫民窟，天津有名的"鬼市"和六合市场就在这一地区。

4. 新开河河岸聚集区的自发形成

1917 年水灾之后，新开河河岸曾成为灾民自发形成的居留所。"河北新开河南岸，自辰纬路至吕纬路沿堤窝铺，住民约 300 余户，均系文安、霸县一带灾民，于民国十五年避水来津，久居未去者……其中男丁多做苦工，女工多纺毛线，禁止闲人借宿，即住户中有游手者、亦勒令自寻工作，不准赋闲。[③]""然近年来各县之天灾人祸，又相继并临，遂留居于此，共约七百余家。他们的住屋所居之地，沿新开河东岸之后坡，坡前为水坑其前为蜀黍之篱，几浸水中地为曹瑛之私产，彼等来时，自建房屋窝铺[④]"。到 1929 年，新开河一带的居民已有千余户，六七千人，多住土屋茅舍[⑤]。

5. 新车站附近聚集区的形成

1903 年天津新站建成通车，1910 年京奉铁路与津浦铁路在天津新

---

① 参见《南开灾民第三届报告》，《益世报》1920 年 12 月 25 日。

② 《警厅请添设南分署》，《大公报》1922 年 2 月 6 日。

③ 《三百户自成村落》，《大公报》1928 年 9 月 5 日。

④ 《别有天地，河北新开河岸贫民窟访问记》，《大公报》1928 年 9 月 7 日。

⑤ 参见《秋风劲厉中之贫民窟》，《大公报》1929 年 10 月 27 日。

站并轨。新站的地理位置较为偏远，位于河北新区的边缘，但是作为交通枢纽，新车站附近汇集了大量灾民难民，逐渐演变为灾民难民聚集区。1917 年水灾后，“在水产学校西一百间，新车站东北警察打靶地方一千间，种植园地方四百间，均已开工赶造，订于两星期一律交工。[①]”“第一、第二区域内之灾民也纷纷迁动席棚，无家可归者悉数迁于营门外及新车站附近等。[②]”“1918 年，天津基督教水火救急会，在河北种植园一带学灾民结搭窝铺两千余间，现在已收男女老幼难民三千余口。[③]”1920 年，交河系献县一带，难民男女老幼两千余名，也被护送到新车站呈报警察厅安插[④]。后来中日战争爆发以后，大量东北入关难民，搭乘津浦铁路来津，他们大都暂居或定居在新车站附近。

6. 东局子聚集区的形成

东局子距天津约 20 里，其地面积广阔，因附近有法兵营的关系，所以居民较少。“此次难民密集地点，则在大道旁法兵营斜对面之大开洼内，当记者未抵东局子前，即遥望哀鸿遍野，处处灾黎。”[⑤]1933 年 5 月 25 日有大批难民到东局子法兵营附近，大致约数千余名，露宿风餐，状极可惨，幸有该处某洋布庄张君，大发恻隐，慨解仁囊，购得苇席数十捆，雇工搭盖窝铺，济难民。后来红卍字会、红十字会等慈善团体在原地临时搭住筑苇席棚，分发食物给予救济[⑥]。难民日益增加，5 月 26 日

---

① 《关于筹赈之种种》，《大公报》1917 年 10 月 23 日。
② 《大水灾近事汇志》，《大公报》1917 年 11 月 12 日。
③ 《发给住照》，《大公报》1918 年 1 月 12 日。
④ 参见《难民来津求赈》，《大公报》，1920 年 9 月 3 日。
⑤ 《天津东局子难民视察记》，《北辰杂志》1933 年第 5 卷第 9 期，第 1 页。
⑥ 参见《战区难民麇集津郊》，《大公报》1933 年 5 月 25 日。

东局子法兵营附近麇集难民，已经约有一万多人①。地方协会和红十字会、黄十字会及红卍字会等慈善团体开始在东局子塔棚、施放玉米面等开展灾民难民集中救济，灾民难民逐渐在东局子附近聚集。

1917年水灾后，众多灾民难民涌入天津，天津开始出现多个面积较大的窝铺区。随着留居天津灾民数量不断增长，窝铺区的范围不断扩大，以最初的窝铺区为中心，开始向周边人烟稀少，地理环境较差的村庄或城乡接合处扩散，逐渐连接成一定规模的边缘区，呈现出较大面积的贫民窟。“贫民日益众，而贫民之窟乃日益巨，其初间有老屋数椽，藉蔽风雨者未几则悉无之，惟尽处于窟中而已。故久而久之，由一小窟以成一大窟，贫民萃处焉，如蜂窝如蚁巢，举目皆贫民。②”

（二）灾民难民聚集区分布的特点

1. 集中于城郊或城市的边缘区

每次大的自然灾害和战争之后，城郊都会出现众多的灾民难民聚集点或窝棚区，它们星罗棋布地散落在城市与乡村结合处和已建成城区的边缘。“在市区游乞增多时，则全部驱逐市外，市内禁止沿街乞讨。”“以至出现了四乡之贫民，非比城厢之贫民可比。近年以来，水旱迭见，战事不息，各乡户富者已贫，贫者更不堪言状矣。是以可查户口十倍于城厢。”③灾民难民聚集区与租界区等已建成城区之间有明显的分界线。谦德庄和英租界相邻，以马场道为分界线；地道外与俄国租界相邻，以铁路为分界线。

① 参见《津郊难民日益增多》，《大公报》1933年5月26日。

② 《贫民窟记》，《大公报》1913年10月8日。

③ 参见《赈灾救恤会西路查放员报告》，《益世报》1920年2月17日。

2. 基础设施较差，环境恶劣

灾民难民聚集区地理位置较为偏僻，在马场道、小河沿、谦德庄、养鱼池、西广开等贫民区，有许多窝铺与臭水坑、坟地相邻，灾民难民的居住环境阴暗潮湿，生活垃圾污水到处横流，居住生活环境相当恶劣。

3. 原有居民稀少，地域空旷

外来灾民难民进入天津后，只能选择人口较为稀疏、地域空间较为空旷、尚未开发的地区临时居住或定居。人口密集、开发较为成熟的租界、河北新区和老城厢根本没有空间来容纳这些人口，同时这些地区高昂的地价和房租是灾民难民难以承担的。加上已建成城区的管理者和居民也不愿意贫困的灾民难民在该区域定居。因此，官方组织和慈善机构在设置灾民难民收容所、搭建窝铺时一般都会选择远离居民密集区、较为空旷的地段。各慈善团体之所以在东局子附近就地安置难民，搭建窝铺，就是因为这个地方宽敞"周围约十有三里"，远离城区[①]。

三、城区空间的扩张

在 1846 年，天津城区面积只有 9.4 平方公里，在此之外分布着 15 个集镇和 336 个自然村[②]。这些集镇和自然村为天津城区空间的扩展提供了广阔的空间。在近代化特别是工商业快速发展和灾民难民大量涌入的情况下，天津城区空间的边延不断外扩，尤其是在民国以后，许多原有的村庄和灾民难民聚集区被纳入城区管理范围，使城市的空间

① 参见《天津志略》，天津市地方志编修委员会编著《天津通志 · 旧志点校卷》(下)，南开大学出版社 2001 年版，第 106 页。

② 参见任吉东：《近代城市化进程下的华北城乡变局——以天津、保定、唐山、石家庄为例》，《兰州学刊》2012 年第 7 期，第 53 页。

进一步扩展。

(一)天津城区的扩建过程

1.1860 年天津城濠的修建

咸丰八年(1856 年),英法联军第一次侵占天津后,迫使清政府签订了《天津条约》。清政府开始感觉到恐惧,决定加强天津的防御能力,并于 1860 年正式开工建设,修筑墙子和墙子河工程。《续天津县志》记载,咸丰十年(1860 年),统兵大臣、亲王僧格林沁筑建濠墙,距城里余至五、六里不等,营门凡十一。东,沈家庄;东北,锦衣卫桥、窑洼北、玉皇庙;西北,佟家楼、教军场,西岸善庆庵、三官庙;南,海光寺;东南,梁家园、行宫,围长共三十六里,濠如之[①]。此时天津城区的空间范围比《津门保甲图书》所记载的范围有所扩大。同治七年(1868 年)为防御捻军进攻天津,通商大臣崇厚对濠墙进行了重修加固。光绪七年(1881 年),李鸿章又重新把墙子加固,濠挖深,重修各门,开 14 座营门。

2.1861—1911 年三区抗衡的局面出现

天津开埠以后,列强根据不平等条约在天津划定了九国租界,后来英、法租界向南扩建,日租界向芦庄一带发展,意租界沿旧盐坨一带建设 ,俄租界沿着天纬路至十三经路开发。到 1903 年天津八国租界的面积已达到 23350 亩(1557 公顷),比 1840 年的天津城区面积增加了 3.74 倍,是天津老城区的 9.98 倍[②]。实际上,1900 年八国联军占领天津后就拆除了天津城墙,并在原有基础上修筑了东、西、南、北四条马

---

① 《续天津县志》,天津市地方志编修委员会编著《天津通志·旧志点校卷》(下),南开大学出版社 2001 年版,第 287 页。

② 李凤会:《天津城市空间结构演化探析》,天津大学 2007 年硕士学位论文,第 19 页。

路，老城厢外围的土墙也被拆除。根据门槛理论，天津城墙的拆除为城区的扩展和向外围发展清除了障碍和门槛，更有利于城市人口的向外流动。

1902 年，袁世凯决定开发海河以北的地区，即河北新区。到 1911 年，河北新区主要建设了南门外大街以东洼地和中山路一带，城市建成区面积达到 16.2 平方公里。老城区、租界和河北新区相并立的发展格局初现。

3. 1912—1927 年城区面积快速扩大

1912 年中华民国成立，1913 年天津成为直隶省省会。第一次世界大战后，中国作为战胜国，收回了天津的德、奥租界，分别设立了天津特别第一区和天津特别第二区。1924 年又收回了俄租界，设天津特别第三区。同时这一时期也是天津城市面积扩大较快的时期，利用疏浚海河泥沙，填充了旧城西南和东南墙子河以外的部分坑塘、洼地，扩建了河北新区，并建设了河东地道外新开路之间的沈、王、郭、旺地区。《天津便览》将当时的城区范围描绘为："东区——东自海河沿岸与日本租界接连，西讫东门城内之鼓楼，南与日租界毗连，北至狮子林金家窑之河岸，其间最繁盛者，莫东北两马路及南市大街，区有警署凡六；南区——南自南大门外新开边墙起，北至北马路，东自鼓楼南大街，西至双庙与中区相连。中区占地极大，有南、北、西三面马路。商市沿马路一带为最繁盛，唯至西门外一带，地势低洼，街市亦冷静。现西关外，已放筑十里长之马路，一跃而为繁盛之地矣，区内警署亦分六处；西区——西自红桥以北，西沽以南，自堤头而讫西于庄、辛庄、小王庄一带，以及大经路南关向西则与中区相接。区内北洋大学及各小学衙署公馆等，无商业之可言，警署亦有六署；北区——由金钢桥至煤场，沿京奉线，直赴总车站新大路，再沿津浦线折西至堤头村，再沿白河返至金钢桥。此区俗称河北马路，多新辟天津公园、造币厂及诸名胜均迁区内。本区警署亦分六处；中区——东自最热闹最繁盛之大胡同、锅店街、估衣街沿白河南岸以至道桥。向西至赵家庄，折而南至庙街，又折向东至北马路与东南两区分界，南运河直贯其区，区内警署分五署。”①

4. 1928—1937 年城区面积持续扩大

1928 年天津改为特别市，隶属于国民政府行政院管辖。1931 年收回比租界，设立天津特别第四区。1934 年，天津第一次市、县划界，正式勘定天津城区的总面积为 54.75 平方公里，比清末的城区扩大了 2 倍多②。当时确定的天津市区范围大致为东到牛圈，东南到吴家咀，南沿津浦铁路支线，西到西营门，西北到黑塔寺，北沿北宁铁路。大直沽、土城、东楼、谦德庄等一部分划入市区，1935 年天津市区面积达到 99.778平方公里③。从图 4-2 可以看出，天津城区面积扩展是一个逐渐的过程，在不同的时间阶段，城区扩展的面积、速度和方向是不同的。

（二）城市边缘地带形成与扩展的类型

每次灾害过后，都会有大量的灾民难民进入天津，人口的快速增长使原有的城市空间无法容纳众多灾民难民，而绝大多数灾民难民也没有金钱和能力在原有城区范围内购买土地、建造房屋。因此，众多灾民难民进入天津后，更多的是到城郊乡村、城内的低洼地区、租界与华界

---

① 天津出版社编：《天津便览》，天津出版社出版 1928 年版，第 2—3 页。

② 罗澍伟主编：《近代天津城市史》，中国社会科学出版社 1993 年版，第 338 页。

③ 刘志强、张利民主编：《天津史研究论文选辑》（下编），天津古籍出版社 2009 年版，第 1426 页。

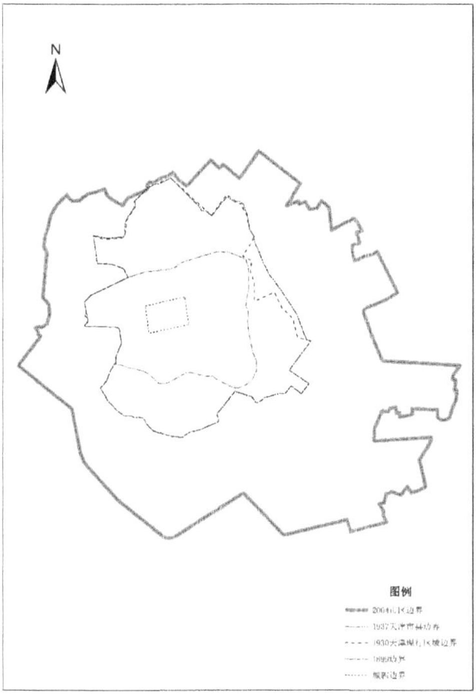

图 4-2　1899-2004 年天津城区面积扩展简图

图片来源：自绘，以 2004 年天津城区为底图绘制，天津市规划和国土资源局：《天津城市历史地图集》，天津古籍出版社，2004 年，第 3 页。

交界的“三不管”地带，甚至是墓地、河堤等无人居住的区域居住，因此灾民难民聚集区多处在地理位置较为偏僻、卫生环境较差、原有居民较少的荒凉地区，也就是城市的边缘地带。

1. 城区周边的乡村

“天津市区老区片地名有一个特点，就是以‘村’‘庄’为通名者为数众多……这些'村庄'聚落的形成,基本有三条途径,一是城外新建居住区,二是大批农民逃难移居,三是屯兵军垦而成为村落。"[①]在天津城内大大小小分布着许多村庄,这些村庄大都是伴随着天津城市空间的扩展,以其距离中心城区的远近和周边的繁华程度而逐渐被纳入城区的管辖范围。20 世纪初,土围城外 25 处村庄被纳入都统衙门管辖范围之内,由北段巡警局管辖北站、西沽和窑洼地区;南段巡警管辖金钢桥以南的城厢和附近地区。

1928 年天津改为特别市,这时天津周边的八里台、五窑村、徐胡圈、佟楼村、邵公庄、堤头村、小王庄、西沽村、西于庄、东于庄、白庙、席厂村、小刘庄、唐家口、复兴庄、公园后、金钟河沿边、炮台庄、小于庄等 20 多个村庄被划归市区,共计 18093 户,80273 口[②]。后来又将天津周边的 49 个村庄分三次划入市区,第一次划入的村庄有 28 个,第二次有 5 个,第三次有 16 个,共计 49 个村庄,12449 户,64422 口[③]。"津市明近各村自经事变农辍耕稼田畴荒芜,查二十三年、二十五年两年先后划归本市 49 村。[④]"详见表 4-4。

表 4-4　1934、1936 年划归天津市区的村庄

次数	村庄名称	次数	村庄名称	次数	村庄名称
第一次	大直沽	第二次	前李七庄	第三次	大毕庄
	郑家庄		后李七庄		王串场

① 谭汝为编著:《津地名文化》,天津古籍出版社 2005 年版,第 94 页。

② 吴瓯主编:《天津市农业调查》,天津协报社 1931 年版,第 13—16 页。

③ 参见高艳林《天津人口研究(1404—1949)》,天津人民出版社 2002 年版,第 94 页。

④ 潘毓桂:《天津特别市公署行政纪要》天津社会科学院图书馆藏 1938 年,第 57 页。

续表

次数	村庄名称	次数	村庄名称	次数	村庄名称
	老顺口		赵金庄		赵沽里
	汪家庄		凌家口		小马路
	陈家庄		王顶堤		宜兴埠
	张达庄				何兴庄
	贾家沽道				霍家咀
	小孙庄				柳滩
	陈唐庄				马厂
	宣楼				唐家湾
	土城				郭新庄
	杨家庄				穆家庄
	小辛庄				天齐庙
	褂甲寺				丁家沽
	小刘庄				辛庄
	贺家楼				徐家庄
	东楼				
	前西楼				
	后西楼				
	小王庄				
	佟家楼				
	谦德庄				
	马厂道				
	纪家庄				
	黑牛城				
	前尖山				
	后尖山				
	新闸口				

资料来源：据潘毓桂：《天津特别市公署行政纪要》，天津社会科学院图书馆藏，1938 年版，第 57—59 页整理。

这些村庄中,有的是因为灾民难民聚集而逐渐形成、扩大,有的则是因为工厂的兴建而逐渐繁盛起来。据1928年调查后统计,全市八区辖地有农田者为,八里台、五窑村、徐胡圈、佟楼、邵公庄、堤头村、小王庄、西沽村、西于庄、东于庄、白庙村、席厂村、小刘庄、唐家口、复兴庄、墙子上公园后、金钟河沿、炮台庄、小于庄二十几处,共有农户438家,农民2783人①。这些农村大多成为灾民难民等城市迁移人口的聚集区。如席厂村,该村人口"近二十年来增加率甚大,约增加400余户,均为外乡人,以武清、香河、宝坻、山东各县者为最多"②。

除灾民难民等迁移人口的汇集是影响天津城市扩展的重要因素之外,天津近代工业的勃兴也是城区面积不断扩大的重要原因。天津为北方重镇,华北工商业中心,居民多习惯较繁荣的商贸市井生活,农业观念比较淡薄。20世纪二三十年代,城市周边工厂的建立也是人口聚集、乡村逐渐向城区转变的重要原因。1915年,新华纱厂于天津站附近的小于庄建厂,1918年9月开机生产。小于庄在1916年以前居民还比较稀少,1921年前不过30余户,该处住户多为于姓,故名为小于庄。"及至新华纱厂成立后,征募工友,于是该村人口大见增加。迄今已达1623户矣。③"正是由于工业投资兴盛,吸引了小于庄居住人口大量增长,新兴工厂以及工人宿舍的集中建设,增加了天津城市建设用地的开发,也促使原有城区的面积不断扩大。带动了工厂周边村庄的发展和繁荣,促进了城郊乡村向城市社区过渡,进而形成新的居民社区。

---

① 参见天津特别市社会局《天津特别市社会局民国十八年工作报告书》,天津社会科学院藏1929年版,第48页。

② 参见吴瓯主编《天津市社会局农业调查报告》,天津协报社1931年版,第25页。

③ 参见吴瓯主编《天津市社会局农业调查报告》,天津协报社1931年版,第35页。

2. 城市中低洼区域

在开埠前，天津的城南、西门外、南门外等地区基本上是水坑和低洼地区，但随着天津城市经济的发展、人口的增多，城市土地日益紧张。这种状况使城内、城外低洼地区原先闲置的土地逐渐得到开发，成为以灾民难民为主的贫民聚集区。在1900年以前，天津城西门外以南是一片荒凉地带，根本没有住户。从西南角往南，只有广仁堂一所房屋。广仁堂的东边和南边，除了小河道就是大片的芦苇。这里，东至现在的南门外大街以西一带，南边一直通到八里台，都是一些低洼芦苇荡。“南原樵影”就是对这一地区的形容。后来比利时在此建设了电车厂库，并在广仁堂的南边挖了大水池，引流和容纳附近芦苇塘的水，成为著名的“臭坑”①。广仁堂是这一地区最大的建筑，收容寡贫妇女，抚养流落儿童，并常年设立粥厂救济灾民，逐渐吸引了许多灾民难民在这一地区聚集生活。

后来，在广仁堂南面今服装街附近形成了典型贫民窟。这里很少有正式的房屋，都是简陋小屋，从这里发源了一条名叫赤龙河的小水沟，人们把生活泔水粪尿倒在宽不过四尺，深不及三尺的河沟内，为了行走方便，在河面上横七竖八地搭着几块棺材板，就是桥了。在这里居住的人大多是卖吃食的、叫卖要货的、医卜星相的贫苦之人。广仁堂往北的赵家窑附近，则形成了为贫民服务的娱乐场所。在赵家窑附近，有桂和戏院、四海居饭店、恩元德饭店和七八家大面馆、烩饼铺。在今天

① 参见政协天津市南开区文史委员会天津市南开区文化局《文史丛刊》总第七期，第215—221页。

西市大街天宝路一带是有名的“鬼市”,是更为贫穷的窝铺区。[①]

3. 城市租界与城区交界的“三不管”地带

“三不管”的由来有两种不同的说法:有的人说是中日法三国租借交界的地方,谁也不管,谁也不爱管;有人则说“三不管”是属于自由区域,在里面可以自由,可以随便,赌钱可以不管,抽大烟可以不管,逛窑子尤其无人来管[②]。天津“三不管”地带泛指南市,其大致范围是东北至和平路,东南至多伦道,南至华安大街,西至建物大街,北至清河大街,圈绕形成的五角形区域。这里北面是老城厢,南临日租界,地理位置特殊。从 1900 年后,这是逐渐成为有名的平民娱乐场所,也是中下层贫民谋生的重要场所。

后来在西营门南侧,墙子河围堤坡下,北临西关外五马路南端,东近广开二纬路西口,南距“鬼市”,在白骨塔和清化祠左前方,约两平方公里的地方形成了“新三不管”地带,后改为南开区六合市场。这里原为棺墓纵横的“乱葬岗子”,逐渐变为一块平地,并汇集了戏剧、电影、曲艺、武技、马戏、杂耍和各类商贩、小食的数十处摊棚[③]。

第四节　城市边缘区居民构成与生计文化

灾荒、战争剥夺了人们原有的物质生活基础,他们房屋被毁,土地

---

① 参见政协天津市南开区文史委员会天津市南开区文化局《文史丛刊》总第七期,第 215—221 页。

② 参见刘鹤云《天津的“三不管”》,《青年战线(南京)》1932 年第 4 期,第 7 页。

③ 参见宋颂石、州安于《“新三不管”地方梗概》,中国人民政治协商会议天津市委员会文史资料委员会编:《天津旧地漫忆》,天津人民出版社 1998 年版,第 113—114 页。

被迫典卖，饥无可食，无法在原有土地上继续生存，在被逼无奈的情况下，外出逃荒来到天津。但在城市中他们缺乏技能，没有财产，难以找到工作，许多人沦落为乞丐，只能依靠官方机构和社会慈善团体的救济艰难生活，成为城市居民中的社会底层。生活在城市最底层的灾民难民与城市中的贫民一起构成了城市边缘区的主要居民，他们同属于贫民阶层，居住在城市边缘的窝铺或简陋平房内，男人往往依靠出卖体力为生，以拉人力车为职业；妇女则从事简单的手工劳作或沦落为娼妓；老人儿童则往往以乞讨为生。他们终日食不果腹，衣不蔽体，挣扎在死亡线上。

一、城市边缘区居民的职业构成

灾民难民和城市中的贫民往往从事着社会地位低下、不体面的职业。这些人收入微薄且多不固定，难以维持基本的生存需要，整日在饥饿和死亡的边缘上挣扎。在他们所从事职业当中以乞丐、苦力为最多，也有工人、手工业者、小本生意者、捡煤核者、娼妓等，职业构成较为复杂。

1. 以人力车夫为代表的苦力

苦力主要指依靠体力劳动为生的男性贫民，包括人力车夫、脚行、船工、轿夫、水夫等，他们没有固定收入，人员构成复杂，既有逃荒来的农民，也有失业的工人、破产的商人。在其他职业难以寻找或未找到时，出卖体力成为救命稻草。“在众多苦力行业中，从业人数最多的就是人力车夫了[①]。”

天津人力车是19世纪80年代由上海传入天津的，到19世纪末已经成为天津街头最流行的大众交通工具之一。人力车夫在民国初年时并不很发达，车夫的数量也不多。后来军阀的连年混战，地主、官僚的剥削，使得整个农村经济日趋衰落，农村失业者一天一天地增加，我国的人力车夫随之日益增多，覆盖了全国。人力车夫从业人数达到了惊人的数字，1930年，天津有人力车20020辆，车夫40040人[②]。

天津人力车夫大多是来自农村的灾民难民，他们身无分文，一天的饭食都需要救济，根本没有钱来买洋车，只能向专以剥削他们为生的车行老板租赁一辆破车来维持他们可怜的生活。天津车行租赁的规则是1天分早晚2班，每班12小时。天津本市，早晚班每辆车车租是0.15元；租界早晚班每辆车车租是0.40元[③]。除去租金，“天津一辆人力车有九道捐——华界、特别一、二、三区及英、法、意各租界——才能在全市里通行无阻。这一笔巨大的捐款已经使人力车力难以承受。但是在租界的热闹地带拉空车或者停车的话，还会有人来勒索一天二十枚的无名捐。所以他们只有极力揽活，忘命的奔跑，每天希望能拉到一元以上，应付过车租，才能勉强维持一家人最低限度的生活。”[④]劳动季报曾对天津人力车夫生活做过这样的描述：

---

① 参见蔡斌咸：《从农村破产中挤出来的人力车夫问题》，《东方杂志》1935年第32卷第16号，第36页。

② 谷士杰：《中国的人力车夫问题》，《劳工月刊》1936年第5卷第4期，第2页。

③ 谷士杰：《中国的人力车夫问题》，《劳工月刊》1936年第5卷第4期，第4页。

④ 《天津人力车夫生活一斑：一辆胶皮车须上九道捐》，《劳动季报》1935年第5期，第23页。

“他们既是度着朝东暮西的生活，吃饭自然也是流动式的没有一定场所和时间了。……几张烙饼、半碟卤茶、一碗白开水，算是一顿饭菜。比较好一些的，在零食摊上，来两碗家常面条，再不然上包子铺吃几碟包子，那是最阔的了。……他们所住的几间拿苇草做成的泥房，土台子当作桌子、炕沿当作椅子，飞边炸翅的炕席中间又加上八个大窟窿”。①

外来移民的增加导致天津人力车的数量迅速增长，车夫过剩，人力车夫群体内部也出现了激烈的竞争关系。车夫一天一天在不断地增加，而车辆却又有一定的限制，不能因人力车夫的过剩而随意增加，在供过于求的情况之下，不免发生你争我夺的情形，人力车夫之间抢饭碗的事件时有发生。后来随着天津公共汽车的开通，人力车夫与公共汽车之间也出了竞争关系，甚至出现了人力车夫破坏公共汽车的现象。

2. 乞丐

近代天津的乞丐特别多，几乎遍布了除租界外的每个城区。在众多的乞丐中，有相当一部分是逃难来津的灾民和难民，一旦天津近郊或者其他地区发生灾害或战乱，天津街头巷尾的乞丐就会特别多，此来彼往，终日络绎不绝。“天津市的乞丐虽然没有精密的统计，据我观察所得，觉得比中国任何都会的乞丐都要多，比汉口、长沙、武昌、安庆等埠的乞丐固然要多，就是比乞丐最多的上海也要多。现在天津无论走到哪条街上，都有乞丐跪在地上讨钱，或跟着跑来要钱。”②

① 谷士杰：《中国的人力车夫问题》，《劳工月刊》1936 年第 5 卷第 4 期，第 13 页。
② 培根：《谈谈天津特别市乞丐问题》，《津声》1930 年第 2 卷第 2 期，第 2 页。

在天津的乞丐既有季节性、临时性的，也有以乞讨为生，将其作为一种职业的。但无论哪种性质的都是一种无奈的选择，都是为生存所迫。乞丐主要生活在华界，例如俄租界就规定："所有乞丐并说唱相声人等暨无业苦力不准至租界以内"[①]。

> 三年水灾三年旱，无衣无食度日难。白发双亲齐饿死，妻孥出卖把债还。破篮子，细竹竿，叫化生活真可怜。喊老爷，叫太太，天天难得有饱餐。人家骂我不长进，有好脚手不做工。天知道，真冤枉！原来一般民众，只晓得说话风凉。[②]

在天津乞丐的行乞方式多种多样，无论哪种乞讨方式，依靠乞讨生存是非常困难的，被冻死的情况时有发生。《大公报》中就有多处报道，"昨日天气尤冷，冻饿交迫，南市三不管洼内冻毙乞丐三名，年均约二三十岁。[③]""一股贫苦居民，少衣乏食，叫苦连天。而南市洼中之乞丐沁因冻故姥者，已有一人"[④]等。为此，天津公安局就曾奉市政府训令救济乞丐，"以报纸所载时有倒毙游民之事，亟应设法救济，以资保全，该局奉令后，即令各区，限五日内将界内游民乞丐一律送交收容所收容。[⑤]"

乞丐作为游离于正统社会之外的一类人群，属于社会的草根阶层，

---

① 《俄国新订管理天津租界章程》，《外交报》1903 年第 3 卷第 5 期，第 4—8 页。

② 《乞丐》，《石音炉炭》1935 年第 33 期，第 21—22 页。

③ 《报验冻毙乞丐》，《大公报》1922 年 1 月 13 日。

④ 《天气乍寒贫民啤苦》，《大公报》1926 年 12 月 8 日。

⑤ 《全国警政消息：天津公安局救济乞丐》，《北平特别市公安局政治训练部旬刊》，1929 年第 14 期，第 20 页。

本身具有悲剧性和寄生性。乞丐作为因种种原因被抛弃于街头的贫困人口，游离于社会生活的边缘，居无定所，无人问津，有其可悲和值得同情的一面，是需要政府、社会和人们救助的对象。另一方面，乞丐日益组织化和职业化，众多的乞丐抱着得过且过、苟存于世的生活态度，乞讨逐渐成为一种生活方式。乞丐问题成为与近代天津、近代中国如影相随的社会问题之一。

3. 工人阶层

20 世纪以来，天津工业得到迅速发展，特别是在 1914 年至 1928 年期间，天津民族工业迎来了发展的黄金时期，这一时期出现了一批资金雄厚、规模较大的工厂、企业，这些工厂、企业有相当一部分建在了交通便利的城市郊区、河流沿岸，如天津新出现的棉纺厂、面粉厂、火柴厂、卷烟厂、玻璃厂等大都建在了城市的边缘区，这些工厂的建立改变了天津原有的城市空间格局，新出现的工业区拓展了城市边缘区的范围。从天津市农户工厂商店密度图可以看出，伴随着天津经济的发展特别是工商业的发展，工厂和商店基本上已经布满整个天津城区，并以开发建设较早的河流沿岸，即老城区、租界区等为中心逐渐向外扩展。一排排的厂房和工人宿舍的建立，吸纳了大量外来移民，促使着农民向工人转变，并逐渐形成了新的工人社区。民国七年（1918 年）以后，北洋、裕元、宝成、裕大等六大纱厂先后成立，于是谦德庄、小刘庄、三义庄……市面一天一天地繁荣起来，工人的数量也在不断增加，据 1931 年天津社会局统计，天津工人、店员和农民的职业比例分别为 47.15%、

50.09%、2.76%[①]。

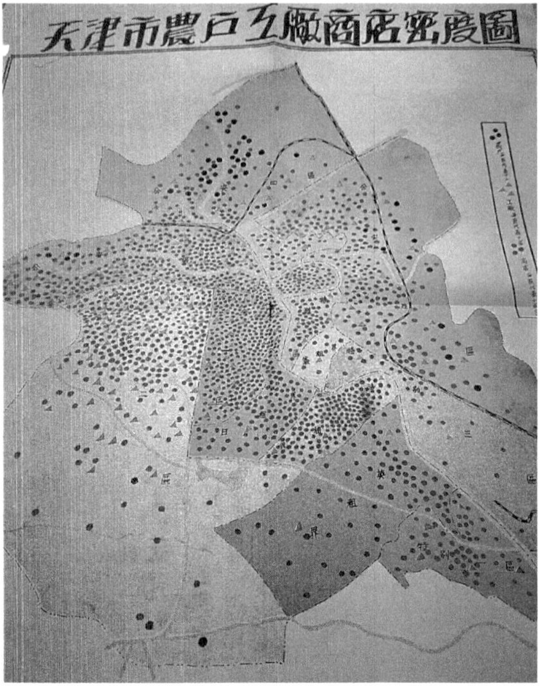

图 4-3　天津市农户工厂商店密度图

图片来源：《天津市农户工厂商店密度图》，吴瓯主编：《天津市社会局统计汇刊》，天津社会科学院图书馆藏，1931 年版。

在天津制造工业中规模最大，雇佣工人最多的是棉纺业。据天津社会局的调查统计，天津六大纱厂的投资总额达到 2100 多万，工人近

① 吴瓯主编：《天津市社会局统计汇刊》，《天津市店员工人农民比较图》天津社会科学院图书馆藏 1931 年。

17000 人。在 1929 年，主要火柴工厂的工人总数也超过了 2000 人(详见天津六大纱厂工人数、工时与工资概况表和 1929 年天津火柴、面粉业主要工厂工人数、工时及工资概况表)。加上在服装业、食品业及手工行业的从业者，天津工人数量众多。在 1929 年，社会局对天津 2186 家工厂的调查，有工人 47564 人，男工 35228 人，女工 2606 人，童工 9730 人，其中男工和童工占工人总数的 94.52%[①]。1933 年天津各类工业工人人数为 36703 人，男工 26035 人，占 70.93%；女工 2315 人，占 6.31%；童工 8353 人，占 22.76%[②]。

4. 下层职业妇女

近代天津工商业的发展，为女性提供了许多就业机会，再加上受妇女解放思潮的影响，许多妇女自愿从事各种职业，补贴家庭生活。在 20 世纪 30 年代以后，天津妇女的从业人口显著增加，就业范围迅速扩大，但主要集中在以体力劳动为主的加工制造、商业服务等领域。

下层妇女所从事的职业非常复杂，有传统的仆佣、媒婆、接生婆、娼妓。随着近代天津对外贸易、工商业的发展也产生了许多新的职业种类，其中有摘棉花、砸核桃、剥花生、拣猪鬃、拣药材和拣羊毛等拣除杂质、区分等级以及去壳类的工作，这与近代天津土特产加工出口与发展对外贸易密切相关。除此之外，还有与近代工业发展相关的普通女工，“据 1929 年天津社会局不完全统计，天津华界成年女工广泛分布在棉纱、提花、国布、针织、染织、毛线、丝绵、栏杆、地毯、线毯、火柴、印刷、纱

---

① 参见吴瓯主编《天津市社会局统计汇刊》，《天津市各类工厂工人数目比较》，天津社会科学院图书馆藏，1931 年。

② 天津市政府统计委员会：《天津市统计年鉴》，《天津市各类工业工人人数比较表》，天津社会科学院图书馆藏，1935 年。

幔、皮货、凉席、胰皂、罐头、造镜、石棉各行业中,几乎遍及各行各业"[①]。这些女工有的走出家门,进入工厂或手工厂进行机械或手工生产,大多数则在家糊火柴盒、纺羊毛、缝袜口、做军衣等补贴家用。此外,还出现了走街串巷的女商贩和女性小摊贩。

尽管没有具体数字,但近代天津下层职业妇女的就业人数非常庞大,"她们所从事业务的分布,统计起来以纱厂为最多"[②]。下层职业妇女的空间分布与当时城市工厂和行业的空间分布相一致。

二、城市边缘区居民的生活状况

城市边缘区居民大都处于社会的中下层,他们工资收入微薄,在经济不景气、行业竞争激烈时,难以维持日常生活,只能在生存线上苦苦挣扎,苟延残喘。虽然牛马般地奔走,被奴隶般地使唤,他们依然没有能御寒的衣服,没有营养充足的饮食,没有能遮风挡雨的住所,整日辛苦忙碌。

1. 工资收入状况

工人阶层是生活在城市边缘区居民中收入较好的群体,相比苦力、下层职业妇女和乞丐而言生活状况要好一些,但是他们的工资收入依然较低,劳动强度大,时常面临失业危险,因为处于贫困的边缘。如在地毯行业中,工人工作时间是每日 10～12 个小时,冬季则有夜工计 4 小时,而且大多数工人做夜工者并没有工资[③]。

---

① 成淑君:《近代天津下层妇女就业状况述略(1860—1937)》,天津社会科学院、天津市社会科学界联合主办:《城市史研究》第 26 辑,天津社会科学院出版社 2010 年版,第 301 页。

② 《天津社会下层的调查一般女工的挣扎》,《大公报》1933 年 3 月 8 日。

③ 参见《天津地毯业工人生活》,《国际劳工通讯》1937 年第 4 卷第 4 期,第 89 页。

纺织、地毯、针织等行业工人的工资大都是按件计算的，工人每多做一件，即可多收入一件之工资。所以工人皆做过度之工作，以致每日精疲力尽。工人连用饭的时候，也无暇休息，每顿饭只需要二三分钟，因此工人患有目疾、疟疾，及其他因职业而导致的腿痛、腰痛、咯血、肺病的非常多。

此外，工人工资收入差距较大，不同的行业、不同的技术工种工资待遇不同，即使同一行业工资待遇的差距也较大，毫无规章制度和行业标准可言。1935 年棉纺行业男工人每月工资最高 57 元，最低 6.76 元。男普通工人最高 13 元，最低 9 元；面粉业男工人每月工资最高 69 元，最低 15 元；纽扣业男制造工人每月工资最高 12 元，最低 7 元[①]。在火柴行业中，三星火柴工人月平均工资 29.7 元，北洋火柴厂工人月平均工资只有 3.48 元。《天津市概要》中也记载，

> 工厂在营业方面其名称薪给大概与商店相仿，其工务方面则有工务长、技师、总领班、领班、练习领班等名目，其薪给亦不等，须视厂方营业之大小而定。工务长月薪最高在二百余元，技师高者至三四百元，亦有数十元者，其领班则惟纱厂有之，大约自四十余元至十余元不等。薪金而外或有分花红或有馈送，如纱厂则尚有包皮等费，在营业盛时可至一薪二酬左右。工人大概分工头、长工、短工、女工、工徒数种，其待遇亦视营业而定。工头工资最多者每月可至四五十元少者十余元而已。长工亦按月支工资，其职务

① 《天津市各业工人工资与工时统计表(民国二十四年八月)》，《实业月刊》1937 年第 2 卷第 1 期，第 315—316 页。

则以佐理工头,多者可至二十余元,少者八九元不等,年终亦随分花红。短工则按日计算或按件计算,按日者多者每日可至六角二三分,少者仅三角左右;按件者自五毛至一元,视工之省费而定。女工则略如男工而工价少低。工徒在旧式工业皆无薪给新式者或酌给一二元,无定数。①

表 4-5　天津六大纱厂工人数、工时与工资概况表

厂名	成立时间(年)	资本(万元)	位置	工人总数(个)	工作时间(小时)	平均每月工资(元)
裕元纱厂	1915	560 收足 556.035	天津市特别一区南小刘庄河沿	5922	12	13.8
恒源纱厂	1920	400	河北西窑洼海河畔	3323	12	8.75
新华纱厂	1917	370 收足 242.19	总车站东小于庄	2243	12	9.65
北洋第一纱厂	1919	额定 300 收足 269	小刘庄以南挂甲寺	2040	12	2.28
宝成纱厂	1922	300	郑庄子河岸	1675	12	16.81
裕大纱厂	1922	300 收 150 万,借债 180 万	小于庄	1695	11.5	10.58

资料来源:据吴瓯主编:《天津纺纱工业调查报告》,天津社会局 1931 年版,第 1—12 页整理。

① 天津市市志编纂处辑:《天津市概要》,天津百城书局 1934 年版工商业篇,第 7 页。

表 4-6　1929 年天津火柴、面粉业主要工厂工人数、工时及工资概况

行业	厂名	资本(万元)	工人总数(人)	工作时间(小时)	平均每月工资(元)
火柴	丹华火柴厂	25	1010	10	7.84
	北洋火柴厂	21.4	860	14	3.48
	荣昌火柴厂	1	172	12	5.81
	三星火柴厂	18.7	103	12	29.7
面粉	寿丰面粉厂	60	110	12	22.73
	民丰面粉厂	61.8	159	12	18.66
	大丰面粉厂	65	124	12	20.16
	瑞嘉面粉厂	60	181	12	18.78

资料来源:《天津市各大工厂一般状况总表》《天津市各大工厂工人工资比较》。吴瓯主编:《天津市社会局统计汇刊》,天津社会科学院图书馆藏,1931 年版。

在这种状况下,一个工人想要维持一家人的正常生活,几乎是不可能的。从天津六大纱厂工人数、工时与工资概况表和 1929 年天津火柴、面粉业主要工厂工人数、工时及工资概况表可以看出,在纺纱、火柴、面粉三个行业中工人的工作时间都超过了 10 个小时,但是平均每月工资最多的只有 29.7 元,最少的只有 2.28 元。据天津社会局统计,1931 年海河工程局工人平均月工资 23.51 元,平均月生活费 34.16 元[①]。到 1933 年天津市有 4378 名工人的月工资在 0～5 元,9542 名工人的月工资在 6～10 元,9063 名工人的工资在 11～15 元[②]。这意味着工人的工资收入对于维持工人家庭生活来说,根本就是杯水车薪。所

① 吴瓯主编:《天津市社会局统计汇刊》,《海河工程局工人平均月入工资及月需生活费比较》,天津社会科学院图书馆藏 1931 年。

② 天津市政府统计委员会:《天津市统计年鉴》,《天津市各类工业工人月入工资统计表》,天津社会科学院图书馆藏 1935 年。

以工人们不得不在做工时间以外，另谋生机。他们有的在日间做工，夜间出去蹬三轮车，有的动员全家男女老少出去劳动。

苦力和下层职业妇女，处于社会的底层，他们的工资收入相对工厂工人更少。据 1934 年《中国经济年鉴》记载，天津人力车夫每天拉车 12 个小时，所得工资最高的只有 1.2 元，普通的只有 8 角；水夫日工资最高 1 元，最低 0.45 元，一般 0.5 元；粪夫日工资则只有 0.2 元。

表 4-7　1934 年天津苦力每日所得工资(单位:元)

种类	最高(元)	最低(元)	普通(一般)(元)
人力车夫	1.2	——	0.8
水夫	1.00	0.45	0.5(场主管饭)
粪夫	0.20	0.20	0.2(场主管饭)

资料来源：实业部中国经济年鉴编纂委员会编：《中国经济年鉴》，商务印书馆 1934 年版，第 142、147 页。

下层职业妇女的工资绝大多数都是计件工资，按日或按月给工资的，每日所得也就是三四角或四五角。例如织布与染织针织工厂的倒线女工，每日所得也不过是三四角钱；地毯毛线工厂的纺毛者，每日工作所得也不过五六角；再如丝绵栏杆厂的倒丝者，帽子工厂的做里，每日所得也只是三四角钱；其他如造胰工厂的包装，每百盒平均一角钱，每日能工作数量也不过是四五百；再如皮货工厂的揉皮、石棉工厂的拣择，每日工作所得不过在五六角钱；可怜的还有凉席工厂的拣草、篦子工厂的刮皮，每斤或每张的代价工资仅一厘到五厘，如此每天所得也不过是两三角钱；而火柴公糊装纸盒，每百个得一分钱，每天最高的工作数量也不过是五千，所得约四五角钱[①]。

2. 生活状况

工人们一年到头在工厂里、店铺里忙碌，尽管每天工作十几个小时，但是生活却异常艰难。据北平社会调查所与南开大学社会经济研究委员会，1927 年 9 月至 1928 年 6 月对天津 132 家工人家庭生计调查显示，每家平均支出 176.68 元，其中食物费用 109.5 元，衣服费用 10.73 元，房租费用 24.91，燃料及水费 2 元，杂项费 9.45 元。衣食住 3 项占到总支出的 80%，仅食物一项，就占到支出的 60%以上。[②] 到民国后期，随着通货膨胀和天津民族工业的凋敝，天津工人阶层的生活更加困苦。

流入天津的难民和天津的穷人都很难有就业的机会，他们大都衣衫褴褛，瘦骨嶙峋，生活困苦，成为最廉价的劳动力。他们居住的主要是窝铺，"一个个窝铺选择地势稍高一点的地方，面向南，先用两根长短差不多的木棍子埋在土里，这就是门框，再能捡一条，二三尺长的木棍横钉在门框上就是门槛了，没有也可以凑合，然后用破席，破麻袋片重叠地搭盖着越来越低直到最后面也可以说最里面再支上一两根木棍，破席和地面接触的地方，拍上点泥土，一方面防止进风，一方面防止破席被风刮去。这一座长不过 6 尺，宽不过三四尺上窄下宽的窝铺要住上一家子人"[③]。

而对于生活在下层的妇女而言，就从事行业看，以各洋行、各公司、

---

① 《天津社会下层的调查》，《大公报》1933 年 3 月 8 日。

② 参见《天津工人生活程度及近四年来生费之变迁》，《大公报》1930 年 7 月 6 日。

③ 政协天津市南开区文史委员会天津市南开区文化局：《文史丛刊》总第七辑，第 220 页。

各工厂所雇用的女工为最多。“最吓人者为洋行工厂之汽笛，天尚未明即呜呜怪叫，是为妇女之起床号。一闻此声，即手忙脚乱，成群结队，栉风冒霜，向工作目的地拼命奔波。一日去晚则无工作，日日去晚则除名。”①

三、城市边缘区居民的文化特质

近代以来的天津，随着开埠通商和近代工商业的发展，为来津的广大城市新移民提供了许多就业机会和更为广阔的发展空间。然而能在天津立足并成功走向上层社会的人仅仅是少数，他们大多数人虽然融入城市生活，转变为市民，但仍处于社会的底层，具有双重边缘性、大多来自农村和频繁流动性等特征。

（一）双重边缘性

双重边缘性是指灾民难民等群体主要生活在城市的边缘区，过着市民的边缘生活。这些灾民难民主要生活在地道外、谦德庄、西广开等贫民窟中。河北区新开河岸的居民多隶属河北、山东两省，尤以文安、霸县、曹州、河间、献县最多。他们因 1926 年水灾来津避难，后来由于各县的天灾人祸相继发生，逐渐留居，约七百余家。他们居住的地方几乎浸泡在水中，其居住的房屋除租赁的稍为整齐外，其余的均破烂不堪。灾民自建的小屋，则是依河底后堤而建 ，从后边看仅数高尺。“每逢阴雨，屋内积水甚多，只能架起几块布片来安身。在该处生活的有职业者，男者多以拉洋车为生，兼有小买卖及卖青菜者，但其所入，仅敷一

① 《旧腊中之津市民生》，《大公报》1931 年 2 月 7 日。

餐之资耳，拉车者日进二三百枚，而赁车之资，不下百余枚，出入相抵，所余无几。[①]”可见，生活在城市边缘的居民基本都是贫民，他们人数众多，只能从事一些劳动强度大、劳动环境恶劣的职业来谋生。这些居民有进厂当工人的，有做小商小贩的，有做车夫、脚夫等苦力工作的，有的甚至充当乞丐、娼妓、无业游民等。

（二）大多来自农村

天津是一个移民城市，开埠通商以后，来津移民日趋增多。在天灾人祸的重压下，大量华北农民背井离乡，逃荒来津求生。与此同时，城市工商业的发展，为破产的农民提供了更多的就业机会，大量人口迁入，相继聚集到工业中心，谋求生路。

近代来津的外来移民，绝大多数是逃难来津的农民，尤其以河北、山东省最多。方显廷对 1929—1930 年间在天津地毯业、织布业、针织业三个行业工人籍贯的调查也印证了这一点。从表 4-8 中可以看出，在这三个行业中，天津籍工人只占了 3.7%；河北籍工人占了 84.9%；山东籍工人占了 10.1%。可见，地毯业、织布业和针织业中的工人主要来自河北、山东，学徒工的构成情况基本与此相同。几乎与天津所有行业的工人一样，手工工匠也是从河北与山东的农村来到城市的新移民[②]。

---

① 《别有天地河北新开河岸贫民窟访问记》，《大公报》1928 年 9 月 7 日。

② ［美］贺萧(Gail B. Hershatter)著，许哲娜、任吉东译：《天津工人(1900—1949)》，天津人民出版社 2016 年版，第 71 页。

表 4-8 天津工人籍贯调查表

行业	天津	河北	山东	其他	总计
地毯业	10	326	15	3	354
织布业	12	236	63	6	317
针织业	7	104	1	1	113
总计	29	666	79	10	784
占比	3.7%	84.9%	10.1%	1.3%	100%

资料来源：据方显廷：《天津地毯工业》，南开大学社会经济研究委员会，1930 年版，第 59 页；方显廷：《天津织布工业》，南开大学经济学院 1931 年版，第 42 页；方显廷：《天津针织工业》，南开大学经济学院 1931 年版，第 71 页。

(三)频繁流动性

1860 年开埠通商以后，天津开启了近代化进程，但天津工业整体规模较小，不足以带动天津的城市化进程。天津近代工商业的发展受到国外及国内传统政治、经济势力的联合压制和剥削，难以承载日益增加的外来人口。这使得大量进入天津的灾民难民虽然有工作的愿望，却难以找到就业机会，有相当一部分灾民难民不得不回到农村。“因为农村经济破产，受了饥饿——甚至死亡的威胁而逃到都市去的农民，大多数一到了都市就受了失业的传染，流落到街头巷尾，成了行乞的游民；一小部分就怀着一颗失望纯朴的心，装满了满腔的悲哀，再从都市狼狈地逃回乡去。”①

天津的民族企业在第一次世界大战期间经过短暂地快速发展之后，由于受日本侵华战争等诸多因素的影响，失业随处可见。“津市近

① 耶菲：《谈失业》，《中学生》1937 年第 74 期，第 168 页。

二三年来，百业不振，市面萧条，金融奇窘，民生困苦，除少数企业，依年有盈余外，商业部分，亏累者居多[①]”。“据有关方面调查，全市二十四年六月底，计由第一区、第六区，特别一、二、三、四区，男五四六八五人，女三八七六一人，英、法、日、意四租界概数（彼时各租界无精确之华人户口调查）男女一五〇〇〇人，合计约十万〇八千余人……到民国二十五年六月底，天津失业人口达到十四万一千一百〇二人，较上年度增加约十分之四，殊足惊人。”[②]大量企业、工厂和商店突然关门倒闭，导致生活在城市边缘区的工人、工匠和手工业者失业，他们突然间坠入了生活的底层，从工厂工人变为苦力，从纺织女工沦为妓女。受战争、自然灾害、城市发展吸引力等因素的影响，生活在乡村的农民大量流向了城市；而工商业衰弱又促使部分在城市中待不下去的贫民回到农村。同时，近代天津城市的崛起，使其逐渐成长为华北地区的较大的中心城市，城乡之间双向流动和融合更趋明显，标志着天津正式步入近代工业化、城市化进程。

本章小结

近代华北地区自然灾害和战乱频发，产生了大批灾民难民，他们以逃荒的形式进入城市中。天津作为华北地区工商业重镇，有着良好的慈善救济传统，同时形成了许多官方、民间慈善机构和慈善团体。天津

① 《天津市失业者达十八万》，《中外经济情报》1937 年第 80 期，第 9 页。
② 《天津市失业者达十八万》，《中外经济情报》1937 年第 80 期，第 9 页。

具有非常便利的水陆交通，其位于海河水系的下游，南运河、北运河、金钟河等众多支流与河北省、山东省等相连接。随着天津铁路交通的发展，以天津为中心陆续修建了津榆、津浦等多条铁路线，天津成为华北地区铁路交通的中心。便利的交通运输，为灾民难民流入天津提供了方便，导致一有灾害和战争发生，天津很快就成为灾民难民的蓄水池，城内的流浪人口、乞丐就会大量增加。为了避免灾民难民流落街头，冻死他乡，天津的慈善团体、机构纷纷伸出援助之手，救济灾民难民，设立粥厂，分发衣物，搭建窝铺。

许多灾民难民在灾害过后选择留在天津，只有部分灾民难民返乡回村。留居在天津的灾民难民大多选择居住在城郊乡村、成熟城区之间未开发的低洼荒地或距离运河、铁路沿线较近的荒地等地理位置偏远、居住环境较差、多为水坑的低洼地带。灾民难民的到来，使天津城乡接合处开始出现了多处灾民难民的聚集点，随着灾民难民的不断增多和汇集，这些灾民难民聚集点不断扩大，形成较大规模的贫民窟、棚户区。这些贫民窟和棚户区杂乱无章地分布在已建成城区的边缘，形成新的近郊村落，并且逐步与一块块成熟的城区、居民区连接在一起，对天津城市整体的拼接起到了关键作用。

灾民难民进入天津后失去了土地，由于他们没有其他社会资源，也没有知识和技能，处于社会的最底层，因此只能依靠出卖自己的体力为生，过着衣不蔽体、食不果腹、居无定所的困苦生活。他们还时常面临着失业的危险，为了生存不得不日夜奔波劳碌，从而呈现出双重边缘性和频繁流动性。

天津作为近代中国北方较大的工商业城市，有着较为发达的工业、商业，对周边乡村农民产生了巨大的吸引力。特别是 20 世纪初，天津民族工业迎来了发展的黄金期，城市周边乡村新建了许多新兴手工业工厂和企业（如裕元纱厂、北洋第一纱厂），它们的建立有效吸纳了城市外来务工者和逃荒而来灾民难民，为他们的生存和谋生提供了机会。同时，城市社会分层与城市空间结构密切相关，相近的社会阶层会出现聚居趋向。伴随着流动性增强，城市社会内部的人口结构构成日渐复杂。在近代天津城市社会的下层居民也出现了聚居趋势，聚居区围绕着老城厢、河北新区、租界等不同城区，逐步向东、南、西三个方向扩展，这加速了城乡接合部的开发，并逐渐形成以城区为中心的同心圆扩展模式。

第五章　从功能城区拓展看天津城市文化变迁

1860 年开埠通商与租界设立改变了天津城市的发展轨迹,天津从传统的交通枢纽型商业城市转变为近代意义上的工商业贸易港口城市,城市空间结构发生了改变。这一时期天津城区空间扩展呈现出“多元拼贴”的格局特点,各个城区相互关联又不相属,城区居民构成主体复杂多样,城区文化各异。这种局面的形成是多种因素共同作用的结果,其中行政力量、城市自身的经济功能、交通状况、战争和自然灾害等是重要因素。开埠通商后天津原有城市空间格局被打破,这与上海等其他沿海城市城区发展具有一定共性,即在老城区外形成了新城区、城区面积急剧扩大、新城区成为城市中心等方面具有相似性。同时相当数量的论文从城市化、工业化角度来探讨近代天津城区空间的扩展与居民构成,对我们今天天津城市规划建设和城市文化发展具有一定借鉴意义。

第一节　功能城区空间拓展与天津城市文化的特点

近代是天津城区快速发展时期，在这一时期，相继产生了租界区、河北新区、城市边缘区，城区的面积从1846年的9.4平方千米，增加到1937年的37.7平方千米，扩大了4倍[①]。这期间城区空间呈现出多元拼贴、相互关联但不相属，城区居民构成类型分化、具有多样城区文化等特点。

一、"多元拼贴"的城区空间文化格局

在开埠通商以前，天津是一个位于京畿要地、封建传统文化浓厚的城市，更是漕运的重要交通枢纽，拥有相对发达的制盐业，因而很快成长为综合性行政城市和中国北方商品集散地、商业贸易中心，并形成了"市在城外、城在市旁"的城市空间布局。天津城内北部地区是城市的政治中心，汇集了大量的官衙和寺庙；城外南来北往的船只在此装卸货物，商品交易活跃，形成了以三岔口地区为中心的商业中心。城墙内外由北门外大街相连，城市完整统一。

1860年天津开埠通商，随着城墙的拆除、环城马路的建设，原有的传统城市格局被瓦解，城区空间布局也发生了根本性变化。海河两侧九国租界的设立，引入了西方各国风格迥异的城市规划理念和管理模式，采用了西方道路先进的方格网化规划建设模式。同时租界区的开

① 乔虹：《天津城市建设志略》，中国科技大学出版社1994年版，第82—85页。

辟改变了城市东西向扩展的方向，天津以海河为轴线向东南方向发展，城区建成区空间面积迅速扩大，“1911 年建成区面积达到 16.2 平方千米，较 1840 年增加了约 3 倍”①。

1902 年袁世凯任直隶总督后，选择在海河以北的芦苇洼地建立“河北新区”。河北新区的建设中，借鉴了开发建设租界区的经验，采用现代城市规划理念的同时融入了中国传统文化元素。自主开发建设河北新区目的是为了与租界相抗衡，其构建了相对完整的道路交通网络，并在河北新区建设了植物园、博物馆、劝业会场、邮局等城市基础设施，迁入了大量的政府机关、学校和工厂，使河北新区成为一个相对完善的独立城区。老城区、租界区、河北新区三种不同类型的城区相互拼贴在一起，通过桥梁相互连接，构成了这一时期天津城区空间的基本框架。

在天津城市化过程中，大量的农业人口特别是华北地区灾民难民的涌入，填充了老城区与租界之间的边界区、城市的低洼地带及租界和老城区外的边缘区，使天津城市边缘区不断向外扩展，城外野郊和乡村在城市化和外来人口聚集中不断被划归为新增城区，天津城区的面积不断扩大。天津逐渐形成了老城区、租界区、河北新区、城市边缘区等不同类型的城区空间布局，呈现出“拼贴式”或“拼盘式”的特点。

二、城区空间文化相互关联但又不相属

开埠通商以后，天津城区空间开始快速扩张，在天津城的东南先后出现了八国租界并立的局面，在城市的东北规划建设了河北新区，此外

① 靳润成、刘露：《明代以来天津城市空间结构演化的主要特点》，《天津师范大学学报(社会科学版)》2010 年第 1 期，第 24 页。

还有城市南部和租界区、老城区外围的城市边缘区，它们分属于不同的类型城市空间形态，体现着不同管理者的意志，具有不同的城市功能定位。天津老城区的建置和发展是明清政府为了“通舟楫之利，聚天下之粟，致天下之货，以利京师”[①]。租界区的开辟是为了便于西方列强经济掠夺，将中国纳入资本主义世界的经济体系，从根本上来说，这是为了维护西方殖民者的利益，将租界区作为掠夺和获取利益和权利的基地。河北新区的规划建设则是在北洋新政的背景下，袁世凯为了与租界区相抗衡，振兴中国政府实际掌控的传统城区而建。租界区与老城区的边缘及间隔地带的城市边缘区，是政府行政管理较为薄弱的地区，如南市等地区曾一度处于“三不管”的状态，各种明暗势力再次汇集。这四类不同的城区具有不同的建设背景和目的，行政管理状况各不同，但同属于天津这一城市行政区内，并通过海河两岸的六座铁桥相互连接。

在租界内部，各国殖民者分别行使独立管辖权，依照自己国家城市的不同特点在租界内建立了不同的管理体制，做出各异的建设规划，路网建设、市政工程、建筑的风格和布局等方面各不相同。例如：英租界对土地进行了住宅建筑、商业建筑和铺面建筑的分类规划管理；日租界的土地使用规划则采用了功能分区制，将土地分为商业区、工业区、仓库区、特别地区和住宅区等。在天津的租界区，除英、法、日租界经多年的建设，形成了相对完善的基础设施外，其他租界的建设并不完善，比、奥、俄三国租界并未建设起来，德租界的扩充部分，也未进行开发。

---

① 《天津县志》，天津市地方志编修委员会：《天津通志・旧志点校》（中），南开大学出版社 2001 年版，第 205 页。

三、城区空间文化因居民构成类型而呈现分异

随着近代天津工商业的兴起，北洋新政的推行，大量工厂、企业、银行和新式学堂出现，打乱了原有的社会等级制度和社会结构，天津城市的居民构成日益多样化和复杂化，出现了产业工人、买办、企业家、自由职业者等不同的职业群体。同时，伴随着天津城区的扩展，天津城市的人口也由开埠前的20万左右迅速增长到1937年120多万[①]，而且出现了城区居民阶层结构的复杂化趋势，阶层分化以及居住隔离现象开始出现。城市居民构成由原来的以绅商为主演变为由官僚、买办、企业家、工人、知识分子、自由职业者等多类人群构成。

租界区以其相对安定的社会环境和良好的市政设施，成为“华洋杂处”的居民居住区，其中官僚、军阀、贵族和富有华商等群体成为租界区的主要居民。在租界区通过订立法规的形式对土地进行了分级划分和管理，英国和意大利租界对定居者的身份、置地建造住宅的风格等都有严格要求，再加上租界区相对安定的社会环境和良好的市政建设，这些都促成了高昂的地价和房价，普通居民根本无力也不可能在租界区购地建房。租界区日益成为以富有阶层为主的居住区，成为外侨、官僚、军阀、贵族和上层华商的居住生活区。据1927年统计，近70%的华人上层居住在英、法、意、日四国租界。租界与老城区之间的边界及其外缘地区则成为工人、灾民难民、失业者等贫民阶层的汇集地，其中大多数贫民阶层生活在社会底层，他们生活困苦，与租界区的繁荣和奢华形成鲜明对比。

---

① 参见李竞能：《天津人口史》，南开大学出版社1990年版，第83页。

由袁世凯力主开发的河北新区，随着直隶公署、海关监督署等政府机构的迁入，特别是在河北省政府机关自北平迁入天津以后，河北新区的省级政府机关迅速增加。为与租界相抗衡，北洋政府重点扶持发展河北新区，其聚集了大量的教育资源和官办工厂，再加上河北新区相对除租界区外其他区域而言，拥有更为完善的市政管理和水、电设施，这无疑会吸引新式知识分子等群体纷纷进入。与此同时，大多数政府中下层职员、学校教员等为了工作的便利，也会先选择在河北新区居住，所以河北新区成为以知识分子群体为主的中等阶层居民的聚集区。

近代以来，华北地区自然灾害和战争频发，大量的灾民难民涌入天津，其中一部分灾民难民留下来成为天津新移民，他们绝大部分居住在远离城市中心的城市边缘区。官方和民间慈善团体对灾民难民的集中性救助和安置，在一定程度上促成了大规模灾民难民聚集区及贫民窟的出现。生活在城市边缘区的居民，除灾民难民外，还有城市生活中分离出来的贫民、部分工人和手工业者，他们生活困苦，日夜忙碌，却经常衣不蔽体，食不果腹，居无定所。他们是近代天津城市居民的主体。

四、具有多重属性的城区空间文化

不同城区的居民主体构成了天津城市生活的不同方面，形成了不同城区的居民文化特质。天津因设卫而生，因漕运而兴，明朝时期天津还仅仅是一军事卫所，因为漕运的发展，天津在清朝很快成为一座综合性行政城市。伴随着城市地位的上升，天津城内的官衙不断增加，官员越来越多。明清时期天津漕运的繁盛和制盐业的发达，吸引了众多商人来津经商或贩盐，商人成为天津城市人口的主体，官绅文化由此产生。与此同时也催生了漕运官兵、河工等漕运服务业人员在三岔河口、运河沿岸聚集，天津最早的文化形态——码头文化由此而生。在天津开埠之后，九国租界建立，外国侨民不断增多，他们给天津带来了西方文明，一时间住洋楼、吃西餐、穿西装成为租界区居民的一种新时尚。住在河北新区合院里的新知识分子群体则体现出中西文化融合的一面，他们上新式学堂，穿西式服装，但在思想观念、社会交往上仍表现出传统士大夫的特点。居住在城市边缘区的灾民难民则体现出灾民文化的特质，在近代天津，乞丐、混混、江湖艺人等数量众多。多元的城区居民构成了五彩斑斓的近代天津城市文化，不同的城市文化之间相互交融与碰撞，共同构筑了今天天津城市文化的底色。从天津地域文化版图的构成来看，安徽、山东、河南、河北、山西等省份的地域文化在天津文化中均有所体现，并深刻影响着近代天津城市空间承载的文化表现形式，如曲艺文化、饮食文化、方言等。近代天津城区空间发展及居民人口构成在质的层面上的分异性，使这些来源于不同地域的传统民俗文化又有了新的表现形态和发展，这进一步深化了天津城区空间文化构成的多样性。

第二节　影响城区扩展与文化空间变迁的因素

城区空间的扩展与居民构成的变化是多种因素综合作用的结果，其中政府的行政力量、城市自身的经济功能，城市交通状况以及战争、灾害等作用是影响城区空间扩展与人口流动的重要因素。只不过是在近代天津不同类型城区空间拓展及居民人口构成变动的过程中，不同影响因素的表现方式和作用力度会有所不同，最终则表现为这些影响因素在不同类型的城区空间及居民构成调整中的主导性差异。如老城厢城区空间形成主要是政府设卫筑城之后漕运交通的汇聚作用，租界与河北新区城区空间及居民人口变动则是行政力量作用更强，城市边缘区的拓展及外来逃难流动人口聚集则是交通和经济因素的影响更为突出。需要说明的是，城区空间及居民人口构成变动中某个因素作用突出只是不同影响因素在不同城区空间扩展及人口变动上的作用差异，在此过程中，并不是其他因素完全没有发挥作用，只是影响表现强弱不同而已。

一、传统政治行政力量是天津城市文化形成的重要因素

1860年12月17日，卜鲁斯交给恭亲王奕䜣照会一份，内称："欲永租津地一区，为建造领事官署及英商住房栈房所用"①。依据这张照会，天津设立了租界，并将上下园、段家庄、小土地庙、碾盘庄、王家庄、崔家庄、转角房、大井庄、花园等村庄直接从农村转变为城区。河北新区的整体规划和建设，也是依靠行政力量推进的，城郊乡村转变成城区，而且掌握政权的袁世凯在河北新区的扩展中扮演了重要角色，他对河北新区的发展方向与建设模式的选择影响深远。

在后来的两次天津市县划界中，天津市通过行政规划的手段又强行将周边的60多个村庄划归市区，进行城市型行政区划管理。虽然这个过程并不是一帆风顺的，天津商会曾以市区划定"窒碍殊多"呈请重新划界，并从外交、财政、行政三个方面详细阐述了重新划界的缘由。但咨复称，"略以天津市界经该省政府委员会决议划完，咨部转奉核准，

① 罗澍伟主编：《近代天津城市史》，中国社会科学文献出版社1993年版，第135页。

当时再三翻慎患经斟酌实地情形辨理，似无窒碍之霉。现祗执行前案，滋事勘界之标，并无更改事问成案，未便轻予变更请查照”①。还是按照原定决议分多次将这些村庄转为市区，完成了行政区划上的归属，使其成为新增的城市空间，农民也相应地直接转为市民。在1934年天津市县划界过程中也出现过严重的争议，争论焦点是天津四乡非常贫困且仍然是农村的状况，贸然将其划入市区只会增加农民的负担。“查市之名称，系以该区商务繁盛而得特别市之名称，设非商务繁盛之区，其无市之资格。今天天津城区地方，商务繁盛，其应归市政府管辖无疑，若四乡地方，贫苦异常，依旧农村状况，既无市之资格，更何有特别市之资格。②”从天津城区空间的扩展实际来看，无论是老城厢的形成还是天津多国租界城区空间的创设和外扩，以及后来河北新区的开发建设都离不开行政力量，后来城区空间内近代工业、商业等产业布局的日渐完善，客观上为近代天津周边流动人口逃难来天津创造了相对较多的就业机会和相对宽松富裕的物质条件。无论是天津不同类型城区空间生成拓展的形态，还是伴随城区空间拓展而来的居民人口构成变动，以及居民人口结构性流动都自觉或不自觉受到政府引导、政府规划及社会治理主张的影响，离不开行政力量强有力地干预甚至是主导。

二、城市自身的吸纳能力为天津城市文化的形成奠定了物质基础

起初天津只是一个军事卫所，是首都附近的军事重镇，实行兵农合

① 天津档案馆：《呈为市区划定窒碍殊多请予变更俾利市政》，档案编号：J0128-3-007048。

② 陈玉琳：《天津市县划界之经过》，《河北月刊》1934年第2卷第2期，第41页。

一管理。明中叶以后，随着大运河全线贯通，天津城市经济快速发展。天津优越的地理位置使天津逐渐成为中国北方新兴的商业城市，商贩云集，城市人口不断增加，城市功能不仅限于一般军事防御功能，卫所的设置已经不再适合天津城市的发展。所以在清朝，天津城市的行政层级快速提升，由州到府、县，城市的管辖范围不断扩大。在开埠前，天津已成长为有名的商贸集散地和区域性中心城市。这种经济地位的进一步提升，吸引了大量外来移民移居天津，天津城市人口大量增长，在1846年达到将近20万。城市居民的构成明显复杂化，其中商人、官僚、神衿等占了相当大的比重。

1860年天津被迫开埠通商后，直接变为北方的对外贸易港口。随着进出口贸易不断发展，天津的市场范围和经济腹地不断扩展，20世纪初，天津的经济腹地几乎覆盖了黄河以北的半个中国。天津经济的发展带动了城市人口的增加和城市空间的扩展。在1895年，天津人口达到了587666人，比开埠前增长了2倍多[①]。同时，英法租界内海河两岸成为码头、洋行、货栈的聚集地，租界的对外贸易功能日渐突出，租界内开始人满为患。在城市的边缘也出现了郊区城市化，据《天津政俗沿革记》记载，旧时与城市相接的村庄有的直接成为街市，如锦衣卫桥、海光寺、三宫庙等。

20世纪以后，天津近代工业有了飞速发展，尤其是1914年到1928年期间。这一时间段天津“新设工厂1286家，每年平均建厂92家”[②]，并且出现了一些资本雄厚、规模较大的近代工业企业，如恒源、裕元等

---

① 罗澍伟主编：《近代天津城市史》，中国社会科学文献出版社1993年版，第216页。

② 由俊生、任吉东：《近代城镇化进程下的“环城圈”村镇衍变：以天津地区为例》，《史林》2014年第5期，第5页。

大型的纱厂。其中许多大型工厂设在了城市郊区或周围乡村,这些工厂的出现促进了城郊乡村的工业化进程,出现了产业工人的聚集,这使原有村庄开始向具有一定社区意义的居民区转变,原有村庄的农业人口比例逐渐下降,许多农民走进了工厂或者从事与工业相关的副业,逐渐向工人转变。城郊工业工厂的设置,使部分城郊乡村具备了早期城市工业区的最初形态,为这些城郊乡村划归城区奠定了基础。天津工商业的发展,提供了更多的就业机会,吸引了许多农村移民来津寻求生活出路,天津城市居民大量增加,到 1928 年天津市的人口达到了 1122405 人[①]。这一时期,天津开辟了河北新区,租界区也由 4 国租界增加到 8 国,租界面积也增加了 4 倍多,还扩展了城市的边缘区。可见,在城市经济快速发展的影响下,城区面积扩大与城市居民增多呈正相关性,两者是一种自然的相互耦合的历史过程。图 5-1 和图 5-2 可以很好地反映这一点。

三、交通关联影响城区空间文化变动

明清时期,由于运河漕运发展,在紧靠南运河和海河的城北和城东地区形成了天津早期的传统商业区,城市空间也沿着海河和南运河拓展。开埠以后,为了拥有便利的交通,发展航运和对外贸易,各侵略国纷纷沿海河设立租界,海河两岸很快成为码头、洋行、工厂的聚集地。后来,铁路的引入也带动了近代天津城区空间的变化,铁路建设与城区空间格局的结构变化相互影响。清政府、西方列强与商民都试图以铁路带动本城区商贸的发展。天津东站的选址建设在与租界相对的海河

① 李竞能:《天津人口史》,南开大学出版社 1990 年版,第 83 页。

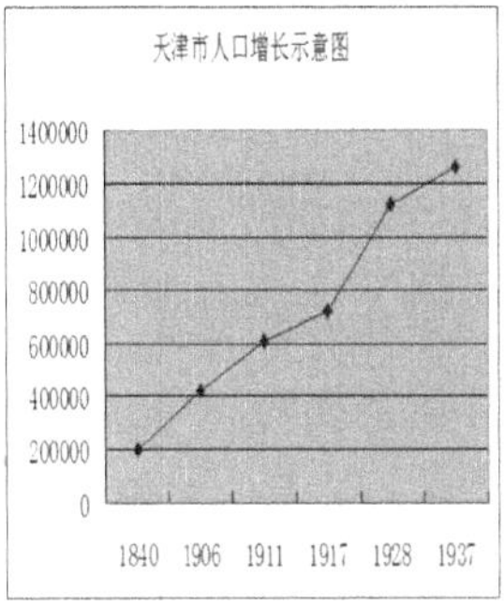

图 5-1　1840—1937 **年天津市人口增长示意图**

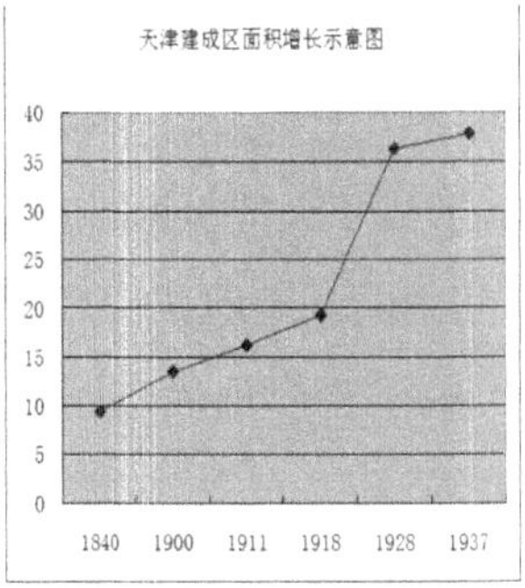

图 5-2　1840—1937 **年天津建成区面积增长示意图**

图片来源：自绘 据李竞能：《天津人口史》，南开大学出版社 1990 年版，第 83 页。乔虹：《天津城市建设志略》，中国科学技术出版社 1994 年版，第 82—85 页绘制。

东岸，最初是为了促进盐务商贸。天津东站的建立吸引了俄国的注意，庚子战争之后划归俄租界范围之内。鉴于此，袁世凯又在河北新区设立车站，以此来开发新的华界商贸区。在围绕铁路的反复争夺过程中，海河两岸租界与河北新区不断得到开发，城区空间也从老城区不断向城郊四乡扩展①。便利的水陆交通也是外来人口流入天津的重要原因，在九一八事变后，大量东北难民乘火车进入天津。因此，交通是否便利、大型交通枢纽在城市中所处的位置是影响近代天津城区空间建设与发展的重要因素。

而且，从天津城区空间扩展与居民构成发展演进的历史轨迹来看，

---

① 李里：《天堑与通途：清末民初铁路与天津城市空间探析》，《中国历史地理论丛》2015 年第 2 期，第 76—78 页。

天津最早发源于水路交通便利的“三岔口”，伴随漕运功能的发展而逐渐走向兴盛，城区空间规模渐渐扩大，城区空间内居住的人口规模也稳步增长，形成了天津城区空间的雏形，奠定了“老城厢”地区在传统天津城区空间中的基础地位。后来，各国列强纷纷在天津设立并不断拓展租界，大规模兴修现代道路，便利的交通设施及相对繁华的商业服务业，使来华洋人、大买办、现代工业企业家、旅居天津的军阀、北洋政要等群体纷纷以居住在租界区为荣耀，这进一步拓展、繁荣了租界商业模式。伴随铁路里程的增长和铁路覆盖、辐射区域日渐扩大，南来北往的铁路运输干线使天津逐渐成为近代铁路运输的北方枢纽城市，对包括流动人口在内的生产性要素的流动提供了交通便利，加速了近代天津工业聚集、繁盛和城区空间拓展以及与之紧密关联的人口规模的扩大。

四、战争和自然灾害促成的公益慈善成为地域文化的重要内容

天津被迫开埠通商以及各国租界的设立无疑是战争的结果。1860年，英法联军占领了天津城，逼迫清政府签订了《北京条约》，从此天津被开辟为通商口岸，划定了英法美租界区。甲午中日战争的失败，使天津租界数量增加、面积扩大。伴随着租界的划定和建设，租界区的人口也在不断增加，在开埠初期，天津租界有记载的外国移民只有34人，到1937年租界的人口已经达到了182032人①。近代华北地区的自然灾害频繁，几乎年年有灾害，岁岁有战乱，天津作为中国北方地区的经济中心，拥有较为发达的工商业及较好的社会慈善救济传统，为大量灾

① 来新夏主编：《天津的九国租界》，天津古籍出版社2004年版，第50页。

民、难民到天津避难提供了可能和可行的空间。这些灾民难民等城市新移民的到来增加了天津的城市人口,满足了天津城市工商业发展的劳动力需求,同时也填充了、扩展了城市空间边缘区。我们应当看到,战争和自然灾害对天津城区空间的扩展及人口构成有一定的影响,但长远看,战争和自然灾害的发生带有一定的偶然性,这不是影响城区空间扩展和居民构成的常态因素。应当说明的是,天津独特的地理空间位置使天津成为连接关内关外的重要交通枢纽,客观上为外来逃难型流动人口的汇聚提供了交通便利,这在一定程度上也加剧了天津周边地区的逃难型流动人口在天津城区的大规模汇聚中成为天津城市居民构成的一部分。这在很大程度上进一步发展了天津公益慈善传统文化,使天津成为公益慈善传统文化悠久的城市。

第三节　上海城区文化扩展与天津城区文化发展的对比

城市文化的变迁在历史上存在着“线性”与“突变”两种不同的发展模式,这既可能是自身文明积累的结果,也可能是其他外来因素的影响,特别是近代殖民化的作用。开埠通商对近代中国封建传统型城市尤其是对沿海综合型城市上海、天津来说,对其城市空间的演变、城市化产生了重要影响[1]。

上海、天津分别是中国南方与北方近代沿海综合性开放城市的典型代表,两者虽然相距较远,但开埠通商后在城区空间扩展上有一些共同之处。开埠前上海的政治、经济中心位于县城及东南之沿浦地区。1843年上海开埠之后,英租界建立,上海开始了城市近代化的进程,脱离了城市原有的发展轨迹。1848年上海美租界设立,1849年上海法租界建立,1863年上海英、美租界合并,1899年上海公共租界面积达到33503亩[2]。随着租界区的建设和完善,大量为了免受战火之苦的中国难民涌入租界,形成"华洋杂居"的事实,上海的经济和居民生活中心也转移到租界区。在租界区的强势竞争之下,原本繁荣的上海老城厢逐渐走向衰落,成为租界区经济上的附庸。

近代以来,上海经济飞速发展,各类企业如雨后春笋般涌现。在租界区的引导下,对外贸易的发展成为上海城市发展的初始推动力,在1853年上海的进出贸易总额超过广州,成为中国对外贸易中心。对外贸易的发展直接刺激并带动了上海城市商业的持续繁荣。与此同时,近代工业在上海日渐繁荣,19世纪末20世纪初,上海已经成为中国第一大都会,拥有了远东第一大都市的地位。

上海工商业的发展与繁荣吸引了大量中外移民涌入,上海以租界

---

① 对于开埠通商对上海的影响,不同的学者提出了不同见解:有学者认为开埠通商是上海城市发展的直接原因,有学者认为上海城市发展带有强烈的戏剧性。张晓虹认为,被迫开埠是促使上海迅速成长的直接原因。何一民认为,开埠通商使城市获得了新的发展动力,近代城市转型出现。详见,张晓虹《上海城市空间的成长》,《江汉论坛》2012年第1期,第19—23页;何一民《开埠通商与中国近代城市发展及早期现代化的启动》,《四川大学学报(哲学社会科学版)》2006年第5期,第33—41页。

② 参见张晓虹《上海城市空间的成长》,《江汉论坛》2012年第1期,第19—23页。

区为中心不断向四周扩展。在租界区的带动下，南市老城区向南向西延伸，闸北城区逐渐兴起，并成为华界振兴的“模范城区”[①]。城区扩展，人口聚集，但近代上海城市仍处于割裂状态，三界四方并存，华界、公共租界和法租界“三界对立”，连华界内部也不完整，闸北地区与南市之间被租界分割，浦西与浦东也因地理环境原因被分割，近代上海的发展实际上是不同类型城区发展的总和，同天津一样也不具有统一性和完整性。

从上海、天津近代城区的扩展可以看出，开埠通商等外力因素的介入，改变了城市发展原有的内在生动力，水陆交通、商业贸易、行政中心等因素已不再是城市兴衰、城区扩展的主导因素，而城市化和人为因素的强力干涉成为近代城市扩展的关键原因。开埠通商以后，租界的强加设立和扩张使城墙被拆除，城市由原来的封闭走向开放，城区的面积急速扩大。相对稳定的政治环境、先进的城市管理、完善的市政建设、优越的地理位置，再加上近代工业的引入，租界很快成为上层富有居民的聚集地和城市的经济和商业中心，并逐渐成为城市发展的核心。

上海和天津等沿海区域型城市工商业的发展形成了广阔的经济发展腹地，便利的交通吸引了大量外来务工者涌入。由于近代中国自然灾害和战争持续不断，许多近郊和附近省份的灾民难民大量涌入并留居在城市，成为城市新移民。这些外来人口的到来为城市工商业发展提供了廉价劳动力，加速了城市边缘区的填充和扩展。在城市边缘区中出现了一些棚户区和贫民窟，与城市租界区的繁华形成了鲜明对比。

在租界的竞争和战乱的影响下，上海和天津等开埠城市的老城区

---

① 苏智良主编:《都市史学》，上海人民出版社 2014 年版，第 397 页。

开始走向没落。老城区仍然保留了诸多中国传统城市的原有元素，并逐渐成为贫民或平民的聚集区。而租界作为展示近代西方文明和思想的窗口，其在城市基础设施建设、科学技术引进与市政管理等多方面为传统城区的发展提供了新模式和示范作用，启发并带动了传统老城区和新城区的建设。

老城区、租界、新城区、城市边缘区等多元城市空间，虽然同属于同一个城市，但由于不同的城区分属不同的管理者，具有不同的城区规划，在建设与布局上各不相同，从而导致近代开埠城市建筑风格和城区居民各异，城市由此成为不同城区景观的拼凑综合体。

第四节　天津城区功能空间拓展对城市文化特质形成的影响

准确把握城区空间形态的生成、扩展和演化轨迹，研究城区空间形成和发展机理，探索城区空间与居民构成之间的相互关系，对于我们今天科学制定城市发展规划、优化城市空间布局、提高城市文化品位、塑造良好的城市文化精神等具有借鉴意义。近代天津城区空间扩展与居民构成研究的启示，主要包括以下几点：

一、城市空间扩展导致的文化变迁与人口流动密切相关

近代天津城市工商业的发展吸引了大量外来流动人口来津务工，而大量灾民难民来津避难谋生，也在一定程度上满足了近代工业发展对劳动力的扩张性需求。这些城市新移民的到来加快了城区空间的扩

展，在城市边缘区形成了大片成规模的新移民居住区，出现了西广开、地道外、谦德庄、李公楼、新开河等大型贫民区，随着城市整体人口规模日益增大，城市边缘区不断向外扩展。同时，相对优越的地理位置、城区设施完善的新城区，也会吸引众多外来人口聚集。近代天津租界区的建设和完善，吸引了大量前清遗老遗少和北洋军阀来津寓住，这些人的到来对天津租界、天津城市空间及城市社会文化的演变产生了深远影响。因此，在今天城市化发展过程中，我们应当重视城市化、市场化背景下的城市空间扩展与城市外来流动人口之间的关系，既不能盲目进行城市空间扩张和房地产开发，致使城市建设用地规模过快增长，出现土地资源浪费和空城化，也不能忽略城市外来流动人口的合理需求，通盘考虑包括住房在内的相关城市公共服务布局，在城市规划、建设、维护及管理等诸环节充分考虑到外来流动人口的现实需求。在科学合理的前提下，不断提升现有城区的质量水平，完善城区公共设施提升城区环境，提高城区空间承载力，更好地服务城区居民生活，促进城区建设与居民生活更好融合。

二、城区空间文化变迁是多种因素耦合发展的结果

近代天津城区空间的扩展受内在和外在多重因素的综合影响。从外因的角度来讲，近代天津城区空间的扩展既受到各国列强强行开埠的影响，又受到近代中国政局动荡不安、自然灾害和战争频发等的影响。当然从内因的角度看，近代天津对外贸易的发展、城市工商业的繁荣以及居民构成阶层的流动性等也都是影响近代天津城区空间扩展的重要因素。从主观角度来讲，天津城区空间扩展受殖民者、地方政府以及各城区管理者主观意识的影响。从客观角度来讲，近代天津城区空

间扩展受天津所处的地理位置制约。如今，在经济全球化以及京津冀一体化的背景下，影响天津城区变化的因素不仅增多而且变得更为复杂，天津本身也处在空间结构调整和重组的动态变化中。因此，我们要充分考虑城市及城区自身的自然条件、历史发展、产业结构、交通条件、居民构成等因素，使天津城区空间文化逐渐走上良性发展的道路。

三、城区空间多元文化协调发展

在近代天津相继出现了老城区、租界地、河北新区、城市边缘区等多种不同的城区空间类型，它们之间在城区文化空间层面相互关联但又不相属，体现着不同管理者的意志，拥有不同的城区建设面貌和基础设施状况。城市整体呈现出拼贴式的空间特点并不断向外扩展。这导致城区居民构成主体不同、城区文化各异。城市规划作为人的主观能动性的体现，对城市建设和发展具有重要的引导和规制作用，在续写城市发展的历史中扮演着极其重要的角色。城市拼贴式建设问题的解决，离不开一个完整优良的城市规划引导。早在 1930 年天津市政府就意识到了这一点，曾公开征选对包括租界在内进行全面系统规划的方案[①]。这是天津近代第一部城市总体规划方案，虽未能付诸实施，但对后来城市规划建设发展产生了深远影响。

四、天津城市文化是多元文化的集合体

城市文化是城市居民的生活方式和文化特质的综合体，它具有持

---

① 严定中等:《天津城市规划历史沿革及启示》,《城市发展研究》2016 年第 12 期,第 5—10 页。

久性和稳定性，无论城市的外在面貌和城市形态发生怎样的变化，深层次的居民文化习惯和传统却往往难以发生改变。弄清隐藏在城市发展背后的文化特质，对于今天我们全面认识城市、塑造城市市民精神、引领城市文化建设和提升城市文化品位具有重要意义。在近代天津，老城区、租界区、河北新区和城市边缘区分别形成了不同的居民构成主体，例如传统绅商、外国侨民、洋务买办、悠闲寓公、产业工人、近代企业家、灾民流民等。这些不同类型的城市居民具有不同的职业特征、生活方式、资产状况、居住条件和受教育类型，但他们共同参与到近代天津城市的建设发展中，并形成了绅商文化、西洋文化、寓公文化和灾民文化等多元的城市文化类型，彼此之间相互融合，共同构成了今天天津城市文化的底色。因此，在今天天津城市建设的发展中，应当激活具有进步性的先进城市文化，以此来引领和带动天津城市的建设和发展。

围绕近代天津城市的开埠与城市化进程的推进，进行城市城区空间扩展与城市居民构成变化研究，是天津城市史中城区史研究的重要内容。对于近代天津来说，每个城区拥有各自不同的发展轨迹和居民构成，具有不同的形成原因，承载着不同的城市功能，在城市发展中扮演着不同的城市功能角色。对这些问题的探讨有利于我们从不同城区空间综合体的视角来全面理解和把握近代天津城市演进的历史和特点，更深入地理解城市化对城市空间和人口变迁带来的影响，为今天天津城区空间建设和发展规划的制定提供历史借鉴。

参考文献

一、中文文献

(一)地方史志资料

1.(民国)《天津县新志》,天津市地方志编修委员会编著:《天津通志·旧志点校卷》(中),南开大学出版社 2001 年版。

2.(民国)《天津政俗沿革记》,天津市地方志编修委员会编著:《天津通志·旧志点校卷》(下),南开大学出版社 2001 年版。

3.(民国)《天津志略》,天津市地方志编修委员会编著:《天津通志·旧志点校卷》(下),南开大学出版社 2001 年版。

4.(道光)《津门保甲图说》,天津市地方志编修委员会编著:《天津通志·旧志点校卷》(下),南开大学出版社 2001 年版。

5.(光绪)《重修天津府志》,天津市地方志编修委员会编著:《天津通志·旧志点校卷》(上),南开大学出版社 1999 年版。

6.海河志编纂委员会编:《海河志》,中国水利水电出版社 2001 年版。

7.(康熙)《天津卫志》,天津市地方志编修委员会编著:《天津通志·旧志点校卷》(上),南开大学出版社1999年版。

8.(乾隆)《天津府志》,天津市地方志编修委员会编著:《天津通志·旧志点校卷》(上),南开大学出版社1999年版。

9.(乾隆)《天津县志》,天津市地方志编修委员会编著:《天津通志·旧志点校卷》(中),南开大学出版社2001年版。

10.天津市地方志编修委员会办公室、天津市规划局编著:《天津通志·规划志》,天津科学技术出版社2009年版。

11.天津市地方志编修委员会编著:《天津通志·附志·租界》,天津社会科学院出版社1996年版。

12.天津市地方志编修委员会编著:《天津通志·民政志》,天津社会科学院出版社1999年版。

13.天津市市志编纂处辑:《天津市概要》,天津市政府1934年版。

14.天津市政协文史资料研究委员会等编:《近代天津图志》,天津古籍出版社2006年版。

15.(同治)《续天津县志》,天津市地方志编修委员会编著:《天津通志·旧志点校卷》(中),南开大学出版社2001年版。

(二)档案及资料集

1.陈真、姚洛编:《中国近代工业史资料》,生活·读书·新知三联书店1957年版。

2.陈卓编著:《正史津门史料钩沈》,学苑出版社2008年版。

3.刘海岩主编:《清代以来天津土地契证档案选编》,天津古籍出版社2006年版。

4. 水利水电科学研究院编:《清代海河滦河洪涝档案史料》,中华书局 1981 年版。

5. 天津档案馆编:《近代以来天津城市化进程实录》,天津人民出版社 2002 年版。

6. 天津档案馆编:《天津市档案馆馆藏珍品档案图录(1655—1949)》,天津古籍出版社 2013 年版。

7. 天津档案馆编:《天津租界档案选编》,天津人民出版社 1992 年版。

8. 天津档案馆等:《天津商会档案汇编》,天津人民出版社 1992 年版。

9. 天津海关译编委员会编译:《津海关史要览》,中国海关出版社 2004 年版。

10. 天津历史研究所编:《天津历史资料》。

11. 天津市档案馆编:《天津地区重大自然灾害实录》,天津人民出版社 2004 年版。

12. 天津市规划和国土资源局编著:《天津城市历史地图集》,天津古籍出版社 2004 年版。

13. 天津市文史研究馆编:《天津文史丛刊》。

14. 王铁崖编:《中外旧约章汇编》第一册,生活·读书·新知三联书店 1957 年版。

(三)典籍及报刊

典籍部分

1. 邓云特:《中国救荒史》,商务印书馆 1937 年版。

2. 方显廷编:《天津针织工业》,南开大学经济学院 1931 年版。

3. 古修孙:《天津指南》,天津文明书局 1922 年版。

4. 黄泽仓:《中国天灾问题》,山西人民出版社 2014 年版。

5. 来新夏主编:《沽水旧闻》,天津古籍出版社 1986 年版。

6. [英]赖特:《20 世纪初香港、上海以及其他中国通商口岸城市印象》,劳埃德协会大不列颠出版有限公司 1908 年版。

7. 南开大学政治学会:《天津租界及特区》,商务印书馆 1926 年版。

8. 孙学谦:《天津指南》,新华书局 1924 年版。

9. (清)题羊城旧客撰:《津门纪略》,清光绪二十四年石印本。

10. 天津社会科学院历史研究所编,许逸凡等译:《八国联军在天津》,齐鲁书社 1980 年版。

11. 天津特别市社会局:《天津特别市社会局民国十八年工作报告书》,天津社会科学院藏,1929 年版。

12. 天津特别市社会局编:《天津特别市社会局一周年工作总报告(1928. 8—1929. 7)》,天津社会科学院藏,1929 年版。

13. 吴蔼宸:《华北国际五大问题》,商务印书馆 1929 年版。

14. 吴瓯主编:《天津市面粉业调查报告》,天津市社会局 1932 年版。

15. 吴瓯主编:《天津市农业调查报告》,天津协报社 1931 年版。

16. 吴瓯主编:《天津市社会局统计汇刊》,天津市社会局 1931

年版。

17. 熊希龄：《京畿水灾善后纪实》卷十六，天津图书馆藏，1919年版。

18. 徐士銮著，张守谦点校：《敬乡笔述》，天津古籍出版社 1986年版。

19. (清)张焘：《津门杂记》，清光绪十年刻本。

20. [日]中国驻屯军司令部编，侯振彤译：《二十世纪初的天津概况》，天津市地方史志编修委员会总编辑室 1986 年版。

21. 周谷城：《中国社会之结构》，新生命书局 1930 年版。

报刊部分：

1.《北辰杂志》，1933 年。

2.《北洋画报》，1926 年。

3.《大公报》，1916—1937 年

4.《东方杂志》，1935 年。

5.《工程周刊》，1932 年。

6.《国际劳工通讯》，1937 年。

7.《河北月刊》，1934 年。

8.《河南实业周刊》，1924 年。

9.《津声》，1930 年。

10.《经济统计季刊》，1933 年。

11.《劳动季报》，1935 年。

12.《劳工月刊》，1936 年。

13.《上海周报》，1933 年。

14.《社会半月刊》,1929 年。

15.《申报》,1897 年。

16.《生活》,1933 年。

17.《时事月报》,1934 年。

18.《实业部月刊》,1937 年。

19.《市政评论》,1934 年。

20.《市政评论》,1936 年。

21.《天津特别市社会局政务汇刊》,1929 年。

22.《益世报》,1920 年。

23.《中外经济情报》,1937 年。

24.《中学生》,1937 年。

(四)现今图书

1.[英]布莱恩·鲍尔著,刘国强译:《租界生活——一个英国人在天津的童年(1918—1936)》,天津人民出版社 2007 年版。

2.陈卫民编著:《天津的人口变迁》,天津古籍出版社 2004 年版。

3.池子华:《中国近代社会史论》,合肥工业大学出版社 2013 年版。

4.[加]德斯蒙德·鲍尔著、谢天海译:《小洋鬼子——一个英国家族在华生活史》,天津人民出版社 2010 年版。

5.费成康:《中国租界史》,上海社会科学院出版社 1991 年版。

6.费正清著,张沛等译:《费正清中国史》,吉林出版集团股份有限责任公司 2015 年版。

7.冯骥才主编:《话说天津卫》,百花文艺出版社 1986 年版。

8.付燕鸿:《窝棚中的生命:近代天津城市贫民阶层研究(1860—

1937)》,山西人民出版社 2013 年版。

9. 高艳林:《天津人口研究(1404—1949)》,天津人民出版社 2002 年版。

10. 关文斌:《文明初曙:近代天津盐商与社会》,天津人民出版社 1999 年版。

11. 郭凤岐编著:《天津的城市发展》,天津古籍出版社 2004 年版。

12. 郭蕴静主编:《天津古代城市发展史》,天津古籍出版社 1989 年版。

13. 郭长久等主编:《追寻大直沽》,百花文艺出版社 2000 年版。

14. 韩嘉谷:《天津古史寻绎》,天津古籍出版社 2006 年版。

15. 何玉新:《天津往事:藏在旧时光里的秘密地图》,北方文艺出版社 2015 年版。

16. [美]贺萧著,许哲娜、任吉东译,刘海岩校订:《天津工人,1900—1949》,天津人民出版社 2016 年版。

17. 侯仁之:《我从燕京大学来》,生活·读书·新知三联书店 2009 年版。

18. 贾长华主编:《宝地三岔河口》,天津古籍出版社 2004 年版。

19. 贾长华主编:《六百岁的天津》,天津教育出版社 2004 年版。

20. 来新夏:《天津近代史》,南开大学出版社 1987 年版。

21. 来新夏主编:《天津的九国租界》,天津古籍出版社 2004 年版。

22. [英]雷穆森著,许逸凡、赵地译:《天津租界史(插图本)》,天津人民出版社 2009 年版。

23. 李华彬主编:《天津港史(古、近代部分)》,人民交通出版社 1986 年版。

24. 李竞能主编:《天津人口史》,南开大学出版社 1990 年版。

25. 李俊丽:《天津漕运研究(1368—1840)》,天津古籍出版社 2012 年版。

26. 李林山、杜贵祥、徐华鑫编著:《天津概观》,海洋出版社 1987 年版。

27. 李明伟:《清末民初中国城市社会阶层研究(1897—1927)》,社会科学文献出版社 2005 年版。

28. 李文海等著:《中国近代十大灾荒》,上海人民出版社 1994 年版。

29. 梁元生:《晚清上海:一个城市的历史记忆》,广西师范大学出版社 2010 年版。

30.《列强在中国的租界》编辑委员会编:《列强在中国的租界》,中国文史出版社 1992 年版。

31. 刘海岩:《空间与社会:近代天津城市的演变》,天津社会科学院出版社 2003 年版。

32. 罗澍伟主编:《近代天津城市史》,中国社会科学出版社 1993 年版。

33. 马玫:《天津城市发展研究:产业·地域·人口》,天津人民出版社 1997 年版。

34. 庞玉洁:《开埠通商与近代天津商人》,天津古籍出版社 2004 年版。

35. 钱同编著:《海河及其洪水》,天津建设局 1955 年版。

36. 乔虹编著:《天津城市建设志略》,中国科学技术出版社 1994 年版。

37. 任云兰：《近代天津的慈善与社会救济》，天津人民出版社 2007 年版。

38. 尚克强、刘海岩主编：《天津租界社会研究》，天津人民出版社 1996 年版。

39. 尚克强：《九国租界与近代天津》，天津教育出版社 2008 年版。

40. [美]施坚雅主编，叶光庭等译：《中华帝国晚期的城市》，中华书局 2000 年版。

41. [美]斯蒂芬·R. 麦金农著，牛秋实、于英红译著：《中华帝国晚期的权力与政治：袁世凯在北京与天津 1901—1908》天津人民出版社 2013 年版。

42. 天津社会科学院历史研究所、《天津简史》编写组编著：《天津简史》，天津人民出版社 1987 年版。

43. 天津市城市建设档案馆编纂：《近代天津城市规划图说》，天津市城市建设档案馆 2012 年版。

44. 万新平、濮文起编著：《天津史话》，上海人民出版社 1986 年版。

45. [美]威廉·彼得逊著，兰州大学人口研究室译：《人口学基础》，甘肃人民出版社 1984 年版。

46. 隗瀛涛主编：《中国近代不同类型城市综合研究》，四川大学出版社 1998 年版。

47. 文昊编：《民国的买办富豪》，中国文史出版社 2013 年版。

48. 袁行霈、陈进玉主编：《中国地域文化通览天津卷》，中华书局 2014 年版。

49. 张惯文：《百年沧桑：天津名街名镇》，天津社会科学院出版社 2002 年版。

50. 张洪祥:《近代中国通商口岸与租界》,天津人民出版社 1993 年版。

51. 张利民主编:《解读天津六百年》,天津社会科学院出版社 2003 年版。

52. 张树明主编:《天津土地开发历史图说》,天津人民出版社 1998 年版。

53. 张仲编著:《天津早年的衣食住行》,天津古籍出版社 2004 年版。

54. 章用秀编著:《天津的园林古迹》,天津古籍出版社 2004 年版。

55. 中国人民政治协商会议天津市委员会文史资料委员会编:《天津老城忆旧》,天津人民出版社 1997 年版。

56. 中国人民政治协商会议天津市委员会文史资料研究委员会编:《天津——一个城市的崛起》,天津人民出版社 1990 年版。

57. 仲小敏、李兆江主编:《天津地理》,北京师范大学出版社 2011 年版。

58. 周俊旗:《民国天津社会生活史》,天津社会科学院出版社 2001 年版。

59. 周利成:《津门掌故》,天津古籍出版社 2014 年版。

(五)期刊论文

1. 鲍觉民:《天津都市聚落的兴起和发展》,《南开大学学报》1956 年第 1 期。

2. 卞僧慧:《从天津开埠前后的变化看近代天津的起点》,《天津史志研究文集》,天津古籍出版社 2011 年版。

3. 卞僧慧:《略谈天津名称的由来》,《天津史志研究文集》,天津古籍出版社 2011 年版。

4. 卞僧慧:《天津市地理沿革易知初稿》,《天津史志研究文集》,天津古籍出版社 2011 年版。

5. 陈国栋等:《英租界殖民路径与九国租界竞争性拼贴——以天津英租界(1860—1943)规划为重点》,《城市规划学刊》2017 年第 2 期。

6. 陈克:《十九世纪末天津民间组织与城市控制管理系统》,《中国社会科学》1989 年第 6 期。

7. 陈喜波、王亚男:《京津地区区域城市发展过程及空间结构演变》,《城市发展研究》2015 年第 9 期。

8. 陈雍:《明清天津城市结构的初步考察》,《城市史研究》第 10 辑,天津古籍出版社 1995 年版。

9. 陈元清、苏睿先:《天津开埠后近代华北乡村手工业生产的调整(1861—1936)》,《兰州学刊》2015 年第 5 期。

10. 董智勇:《经济发展与人口迁移的互动:以天津近代工业化为例》,《社会科学论坛》2010 年第 7 期。

11. 杜希英:《交通变革与天津城市近代化》,《中国城市经济》2011 年第 8 期。

12. 付燕鸿:《近代城市化与城市贫民阶层的社会流动——以 20 世纪二三十年代的天津为中心的考察》,《山东社会科学》2015 年第 4 期。

13. 付燕鸿:《近代天津城市贫民阶层的形成及其时代性原因》,《史学月刊》2013 年第 3 期。

14. 高福美:《租界与天津城市现代化进程关系探析》,《城市》2008 年第 12 期。

15. 高艳林:《试论天津由"卫"改"府、县"之人口原因》,《华北区域社会史研究》,天津古籍出版社 2005 年版。

16. 关文斌:《乱世:天津混混儿与近代中国的城市特性》,《天津史研究论文选辑》,天津古籍出版社 2009 年版。

17. 郭凤岐:《从"卫"到"市":天津城市建置体制的演变》,《天津经济》2004 年第 3 期。

18. 郭凤岐:《津沽历史最久的商业街——估衣街》,《天津经济》2003 年 12 期。

19. 郭凤岐:《天津建城六百年由来》,《天津经济》2004 年第 1 期。

20. 郭锦超、杨秋平:《浅析近代天津经济中心地位的形成》,《辽宁工学院学报(社会科学版)》2006 年第 2 期。

21. 郭蕴静:《清代天津商业城市的形成初探》,《天津社会科学》1987 年第 4 期。

22. 韩冬:《租界与近代天津基础设施建设的特点与社会影响(1860—1937)》,《历史教学》2015 年第 1 期。

23. 韩俊兴:《近代天津行政区划沿革》,《天津史研究论文选辑》,天津古籍出版社 2009 年版。

24. 胡光明:《被迫开放与天津城市近代化》,《天津社会科学》1989 年第 5 期。

25. 胡光明:《开埠前天津城市化过程及内贸型商业市场的形成》,《天津社会科学》1987 年第 2 期。

26. 胡光明:《论北洋时期天津商会的发展与演变》,《近代史研究》1989 年第 5 期。

27. 吉石羽:《传统期之天津城居人口探析》,《城市史研究》第 2 辑,天津教育出版社 1990 年版。

28. 靳润成、刘露:《明代以来天津城市空间结构演化的主要特点》,《天津师范大学学报(社会科学版)》2010 年第 1 期。

29. 兰旭、朱佳寅:《天津市街道的演变与发展》,《中国轻工教育》2014 年第 3 期。

30. 李百浩、吕婧:《天津近代城市规划历史研究(1860—1949)》,《城市规划学刊》2005 年第 5 期。

31. 李进超:《城市空间与国家身份认同:从天津租界说起》,《理论与现代化》2014 年第 3 期。

32. 李俊丽:《明清漕运对运河沿岸城市的影响——以天津地区为例》,《中州学刊》2011 年第 3 期。

33. 李俊丽:《清代漕运对天津的影响》,《中国地方志》2013 年第 7 期。

34. 李里:《天堑与通途:清末民初铁路与天津城市空间探析》,《中国历史地理论丛》2015 年第 2 期。

35. [美]李明珠著、任云兰译:《1917 年的大水灾:天津与它的腹地》,《天津史研究论文选辑》,天津古籍出版社 2009 年版。

36. 李森:《近代天津城市规划布局的演变》,《天津史研究论文选辑》,天津古籍出版社 2009 年版。

37. 李森:《天津开埠前城市规划初探》,《城市史研究》第 1 辑,天津教育出版社 1989 年版。

38. 林纯业:《明代漕运与天津商业城市的兴起》,《天津社会科学》1984 年第 5 期。

39. 林耕、刘辉:《天津老城传统民居》,《城市》2003 年第 3 期。

40. 刘海岩:《电车、公共交通与近代天津城市发展》,《史林》2006年第3期。

41. 刘海岩:《海河孕育天津城》,《天津经济》2003年第1期。

42. 刘海岩:《近代天津城市边缘区的形成及其结构特征》,《天津师范大学学报(社会科学版)》2007年第4期。

43. 刘海岩:《生态环境与天津城市的历史变迁》,《城市》2002年第4期。

44. 刘海岩:《租界、社会变革与近代天津城市空间的演变》,《天津师范大学学报(社会科学版)》2006年第3期。

45. 刘露:《天津城市空间结构与交通发展的相关性研究》,华东师范大学2008年博士论文。

46. 刘志琴:《近代区域政治中心的移转与城市功能的衍变:以清末民初的保定、天津为个案》,《河北大学学报(哲学社会科学版)》2013年第6期。

47. 罗澍伟:《近代天津城市史散论》,《近代史研究》1991年第4期。

48. 罗澍伟:《一座筑有城垣的无城垣城市——天津城市成长的历史透视》,《城市史研究》第1辑,天津教育出版社1989年版。

49. 罗澍伟:《中国城市的历史发展与天津在中国城市史上的地位》,《天津社会科学》1989年第6期。

50. 乔虹:《天津的建置及区划变迁》,《天津史志》1985年第1期。

51. 渠涛、张理茜、武占云:《不同历史时期特殊事件影响下的城市空间结构演变研究——以天津市为例》,《地理科学》2014年第6期。

52. 任吉东、原惠群:《卫生话语下的城市粪溺问题——以近代天津为例》,《福建论坛(人文社会科学版)》2014 年第 3 期。

53. 任吉东:《从乡村到城镇:近代天津城乡体系探析》,《求索》2014 年第 11 期。

54. 任吉东:《近代“环津圈”村镇空间衍化初探》,《理论与现代化》2013 年第 5 期。

55. 任吉东:《近代城市化进程下的华北城乡变局:以天津、保定、唐山、石家庄为例》,《兰州学刊》2012 年第 7 期。

56. 任吉东:《近代郊区城市化的路径选择管窥——以天津为例》,《济南大学学报(社会科学版)》2017 年第 5 期。

57. 任云兰:《海河的整治与近代天津城市环境的重塑》,《福建论坛(人文社会科学版)》2015 年第 5 期。

58. 沈旸:《明清时期天津的会馆与天津城》,《华中建筑》2006 年第 11 期。

59. 史习芳:《解放前天津行政区划沿革》,《天津社会科学》1982 年第 2 期。

60. 宋美云:《天津近代工业化对城市化进程的影响》,《天津经济》2006 年第 8 期。

61. 苏智良:《城区史研究的路径与方法——以上海城区研究为例》,《史学理论研究》2006 年第 4 期。

62. 孙燕京:《从〈那桐日记〉看清末权贵心态》,《史学月刊》2009 年第 2 期。

63. 天津师院地理系“天津史话”组:《天津城市的形成和发展》,《天津师范大学学报》1977 年第 2 期。

64. 田涛、张晓晗:《明清以来小城镇的历史变迁:以天津地区为例》,《经济社会史评论》第七辑,三联书店 2013 年版。

65. 田涛:《论近代天津归国留学人群》,《江苏师范大学学报(哲学社会科学版)》2016 年第 1 期。

66. 涂文学:《城市引领区域文化研究——以近代天津、上海、汉口为例》,《史学月刊》2018 年第 10 期。

67. 万鲁建:《近代天津日本侨民研究》,南开大学 2010 年博士论文。

68. 王健:《繁荣、失落与回归:从海河的变迁剖析天津城市空间形态的变迁》,《城市规划》2009 年第 33 卷增刊。

69. 王静:《近代天津城市商业空间探析》,《消费导刊》2010 年第 6 期。

70. 王丽丽:《民国时期天津工厂女工研究》,河北大学 2010 年硕士论文。

71. 王宁:《天津原法租界区形态演变与空间解析》,天津大学 2010 年硕士论文。

72. 王培利、王金迪:《略论天津开埠前的地域型政区》,《城市史研究》第 24 辑,天津社会科学院出版社 2006 年版。

73. 王培利:《天津先有"区"后有"市"的形成及其原因》,《历史教学》2011 年第 3 期。

74. 王岩、张欣:《天津老城厢地区历史文化及拆迁前保留建筑现状记述》,《天津大学学报(社会科学版)》2008 年第 3 期。

75. 王迎、侯静:《近现代交通系统变革下天津城市空间形态演变》,《天津城市建设学院学报》2013 年第 3 期。

76. 王长松:《民国时期海河放淤工程及其环境效应研究》,《中国历史地理论丛》2014 年第 3 期。

77. 吴松弟、樊如森:《天津开埠对腹地经济变迁的影响》,《史学月刊》2004 年第 1 期。

78. 熊亚平、安宝:《近代天津城市兴起与区域经济发展:以天津城市与周边集市(镇)经济关系为例(1860—1937)》,《天津社会科学》2011 年第 2 期。

79. 熊亚平、任金帅:《略论近代天津城市与周边集市(镇)之间交通方式的演变(1860—1937)》,《城市史研究》第 28 辑,天津社会科学院出版社 2012 年版。

80. 徐凤琪:《从三岔口到天津港》,《求知》1997 年第 2 期。

81. 徐萌:《天津原英租界区形态演变与空间解析》,天津大学 2010 年硕士论文。

82. 徐永志:《明清政府与天津社会经济变迁》,《中国社会经济史研究》1998 年第 4 期。

83. 许檀:《清代前期的沿海贸易与天津城市的崛起》,《天津史研究论文选辑》,天津古籍出版社 2009 年版。

84. 宣朝庆、司文晶:《工厂女工的身份认同与策略实践——基于 1919—1936 年津沪两地的分析》,《山东社会科学》2015 年第 4 期。

85. 严定中等:《天津城市规划历史沿革及启示》,《城市发展研究》2016 年第 12 期。

86. 阎泽:《“中华帝国晚期近代化”语境下的天津早期城市化属性分析》,《天津成人高等学校联合学报》2004 年第 4 期。

87. 杨昌鸣、张威、丁玮:《宏伟的蓝图失控的时空——反思近年来天津的城市建设》,《城市建筑》2008 年第 12 期。

88. 杨佳:《刍议天津城市空间布局的历史演进》,《城市》2012 年第

3 期。

89. 杨生祥:《略论近代天津商埠的形成与发展》,《天津党校学刊》1995 年第 1 期。

90. 杨生祥:《天津租界简论》,《天津党校学刊》1994 年第 1 期。

91. 由俊生、任吉东:《近代城镇化进程下的“环城圈”村镇衍变:以天津地区为例》,《史林》2014 年第 5 期。

92. 原祖杰:《清代的天津商人与社区认同》,《四川大学学报(哲学社会科学版)》2007 年第 1 期。

93. 展龙:《明清以来天津古代史研究回顾与展望》,《城市史研究》第 24 辑,天津社会科学院出版社 2006 年版。

94. 张华腾:《袁世凯督直与天津城市早期现代化》,《史林》2017 年第 6 期。

95. 张利民、任吉东:《近代天津城市史研究综述》,《史林》2011 年第 2 期。

96. 张利民:《近代华北城市人口发展及其不平衡性》,《近代史研究》1998 年第 1 期。

97. 张利民:《论近代天津城市人口的发展》,《天津史研究论文选辑》,天津古籍出版社 2009 年版。

98. 张利民:《天津城市人口的形成和发展》,《天津经济》2004 年第 2 期。

99. 张利民:《长芦盐业与天津的政治地位提升和经济发展》,《盐业史研究》2012 年第 3 期。

100. 张绍祖:《三岔口——天津城的摇篮》,《城市》1995 年第 2 期。

101. 张绍祖:《天津城垣沿革记》,《天津成人高等学校联合学报》

2004年第1期。

102. 张绍祖：《先有大直沽后有天津卫》，《城市》1994年第3期。

103. 张孝存：《关于天津市城市性质问题的商榷》，《经济地理》1982年第3期。

104. 张秀芹、洪再生：《近代天津城市空间形态的演变》，《城市规划学刊》2009年第6期。

105. 张秀芹、于伟：《天津城市发展历程及城市规划的阶段划分》，《天津城建大学学报》2014年第4期。

106. 张仲：《天津市区的历史变迁》，《天津师范大学学报》1979年第2期。

107. 赵冰：《海河流域：天津城市空间营造》，《华中建筑》2014年第8期。

108. 赵春容：《古运河城市发展特征分析》，《四川建筑》2010年第6期。

109. 赵津：《租界与天津城市近代化》，《天津社会科学》1987年第5期。

110. 钟翀：《＜天津城厢形势全图＞与近代早期的天津地图》，《城市史研究》第29辑，天津社会科学院出版社2013年版。

111. 周庆熙：《天津老城里地名调查分析》，《群文天地》2012年第4期。

二、外文文献

Zhang Xiaobo, *Merchant Associational Activism in Early TwentiethCentury China, The Tianjin General Chamber of Commerce*, 1904—1928. Ph. D. Diss. Columbia University, 1995.